I0420864

Confúcio para os Confusos

480 Aforismos de Confúcio

Calixto López
Rosalía Rouco

(2019)

*É inútil fazer algo infalível, porque os tolos são tão engenhosos**

* 8º corolário da Lei de Murphy.

Confúcio para os Confusos

PREFÁCIO

Não queremos afirmar categoricamente que vivemos num momento de extrema confusão, mas uma série de factos parece corroborar o contrário. Em um mundo globalizado, a riqueza e o bem-estar não foram distribuídos equitativa e uniformemente entre as nações. Os governantes nem sempre governam com o bem-estar do seu povo em mente. A corrupção, esse mal miserável, não foi extirpada e reina suprema por seu respeito em todas as esferas da atividade humana, principalmente na esfera pública. As forças produtivas atingiram um grau considerável de desenvolvimento capaz de garantir os bens materiais básicos de toda a população mundial, mas em muitos países a população passa fome, há necessidades materiais de todos os tipos, e muitas crianças morrem de desnutrição e doenças curáveis. A educação e o acesso à cultura universal não estão ao alcance de todos. Nem os cuidados médicos chegam a todos. Fala-se de ética e de moral e muitas vezes são adotadas posições imorais. Decepção, mentiras e desonestidade são mostradas diariamente na sociedade. Humildade, decoro, respeito e consideração humana não são o que abunda. Nada disso é globalizado e é o que precisa ser compartilhado e levado aos lugares mais remotos do planeta.

Pelo contrário, o espírito humano estudou estes problemas desde as primeiras civilizações e num sentido universal. Prova disso é o que lhe enviamos sobre um dos mais prolíficos e antigos pensadores da história: o sábio e filósofo confucionista chinês, que há mais de 25 séculos elaborou uma doutrina moral, educacional e governamental para alcançar o bem-estar de todos os seres humanos independentemente de seu status social, econômico ou de casta. É por isso que modestamente abordamos aspectos transcendentais de suas doutrinas que podem nos guiar a todos nesta era de confusão real ou aparente.

Em suma, há mais de 450 aforismos do famoso sábio e filósofo chinês, relacionados ao governo, educação, ética, família, justiça, corrupção, entre outros, todos ou quase todos, em pleno vigor hoje.

Confúcio para os Confusos

PREÂMBULO INICIAL

Chove gatos e cães por todo o reino de Lu, o mais culto e civilizado dos estados chineses da época. A violenta tempestade é acompanhada por trovões e relâmpagos que sacodem a terra para o caos pela força do vendaval. Ninguém, nestas circunstâncias, se atreveria a sair à rua, a não ser alguém incitado, no meio da confusão e intrigas políticas da época, a abandonar o seu escritório, casa e cidade, pois a sua vida e a dos seus entes queridos está em perigo. Os seus adversários derrotaram-no por um ardil sujo mas belo que o levou a perder o apoio do seu Senhor.

Tudo começou há meses, quando alertou o seu soberano, o Duque de Lu, sobre as intenções dos três clãs vizinhos que queriam enfraquecer o governo do estado milenar de Lu, a fim de tomar os seus territórios através de intrigas e subornos, reforçando e armando ao mesmo tempo os seus exércitos bélicos.

Em princípio, o governante tinha ouvido os conselhos do seu fiel servo e amigo, parando nos seus rastros as ambições dos senhores dos três clãs, os quais, sabendo que por detrás das suas decisões estava o sábio conselho de Confúcio, fizeram o seu melhor por todos os meios imagináveis, incluindo mentiras e calúnias para prejudicar a imagem do conselheiro incorruptível e justo, sem alcançar os seus propósitos sujos dada a forte personalidade do mestre, o seu desempenho exemplar e a capacidade dos seus discípulos fiéis de enfrentar qualquer tentativa de diminuir a influência e o prestígio do seu mestre.

Durante o pouco tempo em que Confúcio tinha assumido o cargo de Ministro do Interior do reino, os seus resultados tinham sido muito relevantes, ele conseguiu pôr fim aos roubos e à acção sem coração dos bandidos que outrora proliferaram por todo o lado aterrorizando a população e agora, ou tinham sido punidos, fugido do reino, ou estavam escondidos sem agir, à espera de tempos melhores. Dentro desta ralé de canalhas, Confúcio não hesitou em aplicar punições exemplares, dando igual tratamento a todos os infractores da lei independentemente da sua riqueza, cargos públicos ou mesmo origem de casta, o que não agradou às classes mais privilegiadas.

Aos olhos de Confúcio, todos os cidadãos eram iguais perante a lei, independentemente da sua posição social e política e riqueza. Ninguém estava acima disto, e a sua actuação exemplar como ministro tinha atravessado todas as fronteiras, de modo que era bem recebido onde quer que fosse.

Além de manter uma conduta exemplar como ministro, Confúcio tinha empreendido uma intensa campanha para restaurar os velhos costumes e hábitos éticos de acção e comportamento do povo de acordo com as antigas normas do antigo império Zhou, graças ao qual o império tinha suportado durante quase um milénio, embora agora o papel do imperador fosse mais o de uma mera entidade dinástica face ao progresso e deterioração que os governos sofrem ao longo da história, e o império outrora consolidado também teve de passar por aquela fase de génese, desenvolvimento e deterioração pela qual passa a evolução histórica de qualquer sociedade, e agora o grande império estava a aproximar-se do seu desaparecimento.

E não é que Confúcio se considerasse um homem conservador, lutando contra as reformas e o desenvolvimento, muito pelo contrário, como se viu nas suas ideias revolucionárias sobre educação, onde considerava que todas as pessoas tinham direito à educação em condições de igualdade, independentemente da sua origem social ou casta. Também na aplicação da lei e da justiça indiscriminadamente, independentemente da pureza de casta, riqueza ou estatuto sócio-político do infractor. Além disso, foi um forte defensor de que os gabinetes públicos e governamentais fossem atribuídos aos homens mais puros e mais sãos, algo como o conceito de "cavalheiros" que lhes deu como estando imbuídos de um elevado grau de virtuosidade.

É verdade que na sua ânsia de recuperar os altos valores dos antigos monarcas da antiga dinastia, quis reavivar as eras passadas do império centralizado livre de insubordinação e movimentos políticos e divisões territoriais, o que lhe causou tanto medo, não percebendo que o passado era e não pode ser repetido, excepto num grau de desenvolvimento mais elevado e não como uma cópia a papel químico do anterior. Mas aí residiu a grande confusão que levou Confúcio, o maior sábio chinês de todos os tempos, a confundir-se, pois tomou essa tarefa impossível como o seu plano de acção vitalício para ressuscitar as grandes realizações do império Zhow das cinzas.

Essa tarefa impossível para um homem, e mesmo

para muitos homens, porque era contra as leis do desenvolvimento da história e da própria civilização humana, era o objectivo idílico de Confúcio, sem sequer se aperceber que o movimento estava noutra direcção, O tempo dos anais da "Primavera e Outono" estava no fim, e o tempo dos "Reinos em Guerra" estava a passar rapidamente, com as guerras a proliferarem, a paz a desaparecer, e com ela o relativo bem-estar do povo agora mergulhado na miséria, desespero e morte, sob o ritmo esmagador dos cavalos e carruagens e a marcha de dezenas de milhares de soldados para os campos de batalha.

Talvez as suas grandes realizações como professor, político e ideólogo, sendo capaz de criar uma doutrina "Confucionismo" que duraria ao longo dos séculos, levou o brilhante intelecto daquele sábio a sobrestimar as suas possibilidades e a confrontar todos, mesmo os desejos carnais do seu soberano, que, seduzido pelo dom envenenado de centenas de belas dançarinas a dar aromas de flores, e a usar roupas coloridas, foi capaz de assumir o mundo do sábio, que, no meio do campo de batalha, foi capaz de criar uma nova doutrina, "Confucionismo", que duraria ao longo dos séculos, e usando vestes de seda coloridas enquanto dançavam com os seus vibrantes corpos sedutores, encontrou no monarca um campo fértil para se deixar subjugar e abandonar os seus deveres e obrigações para com o Estado e os seus súbditos, o que, como bem considerou o incorruptível Confúcio, traria grandes males ao Estado e ao povo de Lu.

Com uma atitude tão tola e negligente em relação ao presente sedutor envenenado, o Duque de Lu ignorou o fiel e puritano Confúcio e afastou-o gradualmente do seu lado até agora, quando se recusou a recebê-lo enviando-lhe em resposta um pequeno pedaço de jade partido, o que significava claramente que o sábio tinha perdido o favor do soberano, deixando-o numa posição muito fraca no governo e à mercê dos seus inimigos, que, tal como os animais esfomeados, logo o atacariam e o desfariam em pedaços nas suas mandíbulas vorazes.

O período de bom trabalho de Confúcio terminou, a sua pessoa estava em perigo, e mais do que isso, o esforço da sua vida foi-se desvanecendo à medida que os seus sonhos idílicos de recuperar o esplendor do antigo império se espalhavam no ar sem qualquer apoio político ou social para os realizar. Apesar do estado de confusão em que Confúcio se encontrava, ele pôde compreender plenamente a gravidade da situação e que não só ele, mas também a sua família, incluindo o seu filho, e sobretudo os seus discípulos, corriam o mesmo perigo, e que só a sua ausência poderia salvar tudo isso, pelo que ele deveria afastar-se e deixar o estado de Lú o mais depressa possível, colocando distância entre ele e os seus inimigos, pois supunha com razão, que à mínima conspiração o seu amo ignoraria o assunto e o deixaria cair sobre o precipício.

Por tais razões, o homem que agora era superior aos outros não só fisicamente mas também intelectualmente, estava a fazer o seu melhor para deixar a cidade na chuva torrencial acompanhada de violentos trovões e relâmpagos, enquanto os cavalos assustados lutavam para mover a sua pesada carroça cujas rodas ficavam presas na lama lamacenta da estrada, tornando impossível a continuação da viagem.

Partindo, Confúcio levou um mínimo de bagagem, talvez um fato de apresentação, com o seu boné cerimonial, os seus principais escritos em pastilhas de bambu, e alguma comida para a longa viagem, sem contar a ninguém a sua difícil decisão e evitando assim ser seguido numa viagem cujo destino ainda era desconhecido para quem a empreendia.

Aproveitando a tempestade, o sábio pensou que a sua partida não seria descoberta por ninguém, pois em tal tempo as pessoas refugiam-se nas suas casas e câmaras e não saem por causa da fúria da tempestade. Assim, tomando todas as precauções necessárias para não ser visto, ele saiu como um ladrão escorregadio, pois não queria que os seus amigos fiéis corressem os perigos do seu destino actual.

Cansado de lutar com os cavalos assustados que não conseguiam mover a carroça presa no profundo buraco lamacento, ele estava prestes a continuar a pé no seu caminho quando à distância começou a ouvir a doce voz dos seus amados discípulos com a palavra que sempre desenhavam quando se referiam a ele "Mestre, Mestre Kong, não nos abandones, iremos contigo até ao fim do mundo se necessário"; e um a um os rostos pálidos dos seus discípulos começaram a aparecer aproximando-se dele.

É suposto ter sido uma imagem épica de um grupo de jovens abandonando tudo e partindo para seguir o destino incerto do seu mestre, prontos a enfrentar os perigos e as dificuldades de uma longa viagem que os afastaria de Lu, vagueando pelos reinos vizinhos, alguns hostis, durante anos, em que a fidelidade ultrapassaria todas as provações e o confucionismo como doutrina se espalharia por todas as regiões da China daquela época.

Embora Confúcio tivesse ficado confuso nos seus últimos actos como ministro e no seu projecto megalómano de trazer toda uma nação de volta aos velhos costumes, os seus inimigos e o próprio Duque de Lucas agiram confusos, porque com aquele duro e difícil apostolado de Confúcio e dos seus discípulos, conseguiram que as doutrinas básicas do confucionismo proliferassem por toda a nação e chegassem às mentes de todos os homens e mulheres honestos em todos os reinos.

Confúcio na sua confusão tentou mudar o seu mundo, mas como esta era uma tarefa impossível para um homem, ele pelo menos tentou mudar a sua concepção do mesmo e vagueou por todos os reinos tentando propagar a sua doutrina, que, claro, não era uma doutrina confusa, mas a mais racional de todas as doutrinas expostas na altura.

Nota do Editor:

Na tradução do livro para a língua portuguesa, além do trabalho humano, foram utilizados programas de tradução. Lamentamos se encontrar algum erro gramatical no texto.

Índice de Conteúdos

- Prefácio .... P. 004
- Preámbulo inicial .... P. 006
- Nota do editor .... P. 013
- Índice de Conteúdos .... P. 014
- Introdução...................................... P. 015
1.-Confúcio não estava confuso................ P. 020
2. Confúcio para governantes confusos ...... P. 026
3.-Confúcio para uma educação confusa.... P. 040
4.-Confúcio para uma ética confusa .... P. 056
5.-Confúcio para leis e justiça confusas...... P. 083
6.-Confúcio por corruptos confusos........... P. 091
7.-Confúcio sobre a familia ....P. 099
8.-Confúcio sobre o trabalho.................... P. 104
9.-Confúcio para pessoas viciadas e confusas P. 106
10.-Confúcio numa sociedade confusa........ P. 108
- Apêndice .... P. 116
- Fontes literárias antigas...................... P. 121
- Outras obras dos autores...................... P. 123
- Bibliografia .... P. 132

Confúcio para os Confusos

INTRODUÇÃO

Nunca pensei que iria escrever sobre o filósofo e sábio Confúcio chinês, e não é que ele não merecesse fazê-lo, porque na verdade muitos o fizeram e continuam a fazê-lo hoje. Mas um dia, lendo um de seus famosos aforismos, percebi que havia perdido muito tempo resumindo a essência da vida humana e que esse distinto pensador da antiguidade a havia definido sucintamente numa metáfora de pouco menos de duas linhas:

"Você me pergunta, por que eu compro arroz e flores? Eu compro arroz para viver e flores para ter algo para viver".

Neles se deduz a essência da simbiose da eterna contradição e união do material e do espiritual; e a necessidade do equilíbrio que o ser humano deve dar a estes dois conceitos, confrontados em muitas correntes filosóficas como se fossem fontes inesgotáveis de água: os rios e os mares, até que suas águas se reúnam e permaneçam iguais, claras e cristalinas, sem diferença alguma, unidas para sempre.

O material e o espiritual, o equilíbrio necessário, a relação e a união destes conceitos, o que pode fazer um ser humano feliz ou infeliz, reduzido à menor expressão e em poucas palavras, é o que Confúcio expressou. Para viver é preciso um sustento material que para os cidadãos chineses da época estava completamente condensado no "*arroz*", mas de que serve esse elemento? se não tem um objeto, um fim nobre "*as flores*" que conduz nossos atos e nos faz desfrutar da beleza da vida espiritual.

Era algo como a concepção materialista dialética da história que *"todo homem antes de fazer política, arte, religião, etc., tem que comer, beber, ter um teto sobre sua cabeça"*. Como levantado por Karl Marx e Frederick Engels, apenas 2 300 anos após o professor e filósofo chinês. E, para ser justo, este apresentou-o de uma forma mais concisa e com palavras e exemplos mais simples.

Quantas pessoas desperdiçaram suas vidas em busca de benefícios materiais, riqueza impossível de desfrutar em muitas vidas e quando chegam ao fim de seus dias percebem que isso foi inútil, mas é acompanhado por valores humanos essenciais, tais como amor, amizade, honra, honestidade, humanismo, apreciação da beleza e todo o conjunto de valores espirituais aos quais o ser humano pode ter acesso?

Não estamos a falar de excesso de poder, ambições e actos desonestos, insultos, blasfémias, traições e mentiras. Não, Confúcio não diz que compra "*arroz*" e "*silvas* ou *espinhos*", mas *"flores"* e o que estas representam em qualquer cultura e no pensamento universal.

Só com esta frase Confúcio teria chegado ao topo da pirâmide do pensamento humano, mas ele também foi prolífico em conselhos sobre conduta humana e ética, o modo de governar, de educar com vistas a formar um homem de integridade em conhecimento e valores, como ele teria desejado que fossem os oficiais e governantes chineses da época, do mundo inteiro e de todos os tempos.

Mas esquecemos Confúcio, o subestimamos ou o deixamos em um plano secundário, ignoramos seu estudo, assim como a aplicação de suas doutrinas e isso nos levou, sim, ao progresso, mas com base na exploração, desigualdade social, mentiras e enganos, alheios ao sofrimento humano de muitos, e apenas preocupados em encher nossos cofres, ou em adquirir fama e honras muitas vezes imerecidas; Mas é hora de que, se não melhorarmos nossa conduta, mas governarmos por todos, se nos enriquecermos ilicitamente, tenhamos certeza de que não alcançaremos a felicidade plena e nossa verdadeira consagração como seres humanos.

Talvez se possa pensar com esta avaliação inicial que só a simples leitura das máximas e aforismos confucionistas poderia tirar-nos da *"confusão"* em que vivemos, e isto é que embora esta palavra não venha de Confúcio, como uma Miss de beleza de um país mal interpretado há alguns anos atrás, deve-se notar que estamos imersos em grande confusão, que o grande sábio chinês, se formos coerentes com sua doutrina, pode nos ajudar a resolver. Mas não podemos esperar milagres, muito menos pensar que isto é tão simples, que muitos dos que leram este distinto humanista, ou outros pensadores com idéias ou que trazem princípios semelhantes, esquecem-se deles assim que atingem suas aspirações de poder, riqueza ou bem-estar, como aconteceu, mesmo no tempo do filósofo, com alguns de seus próprios discípulos.

E se isso aconteceu com discípulos que receberam diretamente seus ensinamentos e viveram com ele por muitos anos, o que podemos esperar? Ao menor obstáculo, ou quando os resultados que esperamos alcançar com a aplicação de seus preceitos não são o que consideramos que devem ser, nesse mesmo momento muitos abandonarão sua doutrina e continuarão sendo prisioneiros da confusão, porque tudo o que se aspira não pode ser acessado e o próprio Confúcio não poderia realizar na vida o que desejava: para se tornar um dignitário, ou um funcionário eficiente, honesto e honesto, alheio à corrupção e nem mesmo isso poderia alcançar esse notável pensador, embora ele ocupou algumas responsabilidades no pequeno reino de Lu, até mesmo o de Ministro, mas por um curto período de tempo.

E se o próprio Confúcio estava "*confuso*" no momento de estabelecer suas aspirações, e se ele, quem é aquele que pretendemos tomar hoje como referência para sair de nossas confusões ou erros, não alcançou seus objetivos na vida, o que podemos esperar para nós? A resposta pode ser "nada". Mas, pelo contrário, o famoso pensador conseguiu mais com o ensino de suas doutrinas do que se tivesse governado todos os reinos chineses da época.

Confúcio, talvez *confuso* em seus objetivos profissionais, perambulou pelo vasto país asiático em busca de emprego como um oficial ou governante, um ministério ou qualquer cargo público, não importa quão humilde possa ser para um homem eficiente, honesto e não corrupto. Mas estes podem não ter sido os valores que eram essencialmente procurados para governar naquele momento, e talvez também não aqui, embora possa haver exceções.

Por isso, Confúcio foi autorizado a aconselhar, para expor suas doutrinas oralmente, que mais tarde seus discípulos eram os que as escreviam, mas ele continuou e ficou desempregado até que percebeu, ou seus destacados alunos o fizeram ver, que isso não era sua coisa, para continuar pensando e ensinando o que a sociedade precisava, o que a história queria dele, e assim ele voltou ao seu país para morrer alguns anos depois deixando para a posteridade um legado extenso e difícil de imitar, e com o qual vamos abordar alguns aspectos importantes da ética, moral, conduta, educação, leis governamentais e até mesmo questões tão sujas e espinhosas quanto a corrupção, que permeia os governos e todas as camadas da sociedade, em maior grau à medida que elas são mais altas.

CAPÍTULO 1

Confúcio não estava confuso

"A quantidade total de inteligência no planeta permanece constante. A população, sem no entanto, continua a aumentar".

Axioma de Cole

Mais quem era Confúcio? Em primeiro lugar, deve-se dizer que Confúcio, Kont Zi ou mestre Kunt (Kung-Fu-Tsu), nasceu no pequeno reino de Lu, hoje Shandong, no ano 551 a.C.N.E. e morreu em 479 a.C., embora estes dados em tempos tão iniciais da história nem sempre possam ser tomados como precisos, apesar da eficiência, ou não, dos registros do tempo no Império Celestial. A antiga e famosa dinastia que prevalecia naquela época era a Zhou com meio milênio de existência e em seu momento de decomposição. Considera-se que seu pai era comandante do Clã Kong de um distrito de Lu, vir a menos, embora ele sempre falou de um passado digno dentro da classe nobre chinesa.

A infância de Kont foi difícil e mergulhou em algo semelhante à pobreza, já que seu pai morreu quando ele tinha apenas três anos, deixando a família - vamos entendê-lo e sua mãe - desprotegida e mergulhada em necessidades materiais de todos os tipos.

O reino de Lu era pequeno em tamanho, por isso poderia ser semelhante a uma China dividida em múltiplos reinos e principados, ao que Florença foi para a Itália na era renascentista, que para sobreviver como um estado independente tinha que contar com o intelecto de seus pensadores e a aplicação de uma política governamental rigorosa e exata, apoiada por um talento da estatura de Nicolas Maquiavelli, que, como Confúcio, escreveu sobre a arte de governar - "O Príncipe" - com o mesmo resultado nulo de atenção por parte dos governantes, mas com a única diferença de que estes últimos conseguiram um emprego estável como Chanceler da República - antes Secretário com plenos poderes de negociação - de Florença e Confúcio não conseguiram ocupar posições semelhantes.

Deve-se, portanto, notar que Confúcio viveu em um período de transição histórica, em um período de aguda crise cultural e social à beira do colapso de uma civilização, de modo que ele se tornaria um testemunho excepcional e participar das mudanças e novas idéias que surgiram, embora na perspectiva básica do pensador.

Assim que Confúcio pôde fazer uma análise exata da situação do reino de Lu e da Dinastia Zhou decadente, estabeleceu como objetivo principal restaurar a ordem da sociedade sobre uma nova ética, para que ela pudesse progredir e salvar seus valores ancestrais e tradicionais, pelo menos aqueles que ele considerava verdadeiramente valiosos, após o estudo da tradição histórica e cultural do país.

Mais Confúcio, embora isso não tenha sido valorizado em sua justa medida, era também um homem de ação, dominou o arco e flecha, montando, gostava de caça e pesca, e tentou participar ativamente da vida social e política da época, na medida do possível. Por isso, não queria contentar-se em ser apenas um mero espectador de acontecimentos e procurar sem sucesso, ser usado para verificar e pôr em prática as suas doutrinas, ou ser-lhe atribuído um pequeno território para governá-lo e aos seus discípulos. Mas os governantes da época eram suspeitos e não concordavam com o seu pedido.

Como isso não prosperou, ele tentou formar um pequeno grupo de discípulos usando métodos de ensino originais e selecionando-os com base em seu talento e interesse no auto-aperfeiçoamento, sem levar em conta sua condição social, de modo que fosse integrado por jovens de todos os setores sociais: muito pobres e também de castas superiores. Isto, sobre o qual não havia precedente, deu resultados surpreendentes e permitiu que com o tempo tivesse discípulos muito sábios e competentes, prova disso é que foram eles que recolheram, escreveram, publicaram e disseminaram suas doutrinas em uma data muito posterior à sua morte. Treinou-os em diferentes especialidades, mas geralmente relacionadas com a Arte do Governo: Economia, Ética, Administração, Diplomacia, Artes Militares, etc.

Mais se no passado ele poderia ter tido dificuldades de acesso a cargos públicos, agora com este pequeno, mas ao mesmo tempo pequeno exército ou gabinete governamental de seguidores magníficos, era ainda mais difícil para ele ter acesso a eles. O fracasso em obter posições relevantes deveu-se em grande parte à desconfiança dos líderes, e especialmente dos oficiais do governo, em relação à sombra ou competição que poderia ser causada por um indivíduo com tal preparação e apoiado por uma grande equipe de estudantes ou discípulos altamente educados.

É por isso que dizemos que nas suas aspirações fundamentais de se integrar na política activa que foi a sua grande paixão, ele teve pouco sucesso e ocupou posições inferiores na hierarquia e por curtos períodos de tempo.

Então, para entender melhor Confúcio, é necessário apreciar que, embora sua verdadeira vocação fosse a política, ele viu isso subordinado à ética, à moral, e por isso seu esforço para formar pessoas ilustres, cheias de valores, nobres homens, superiores, para que pudessem desenvolver um bom governo, ou seja, a ética antes da política.

Confúcio também não considerava que o governo deveria estar unido, ou subordinado ao poder legislativo e jurídico, porque desconfiava das leis, talvez com razão, porque naquele tempo elas eram apenas para defender os poderosos e sancionar os humildes. Além disso, se houvesse líderes capazes, bem preparados e imbuídos de nobres valores éticos, eles seriam capazes de promulgar e aplicar todas as leis necessárias para governar de forma justa e sábia, e para alcançar o bem-estar do povo.

Houve uma crise ética, moral, social e política, foi uma etapa de decomposição de uma dinastia, e Confúcio viu seu mundo afundar no caos e na barbárie, então era necessário recuperar os valores e princípios morais do velho ou desenvolver novos, ou ambos ao mesmo tempo, e foi a isso que o sábio pensador chinês se dedicou.

Era necessário assegurar que as massas populares pudessem confiar nos seus líderes, mas, com base no seu bom trabalho e no seu exemplo pessoal diário, considerou que a base do Estado era a confiança nos governantes e que eles estavam técnica e moralmente preparados para desenvolver o seu trabalho de governar o povo. Esta pode ser também a razão pela qual Confúcio desconfiava da eloquência dos que falavam muito, mas de maneira vã e hipócrita, sem ser um exemplo das palavras que expressavam, e sem ser digno e capaz no desempenho de suas funções.

Por outro lado, nas *"Analectas"*, um texto fundamental onde se explica a doutrina de Confúcio na forma de afirmações descontínuas, diálogos e breves frases atribuídas a isto e aos princípios recolhidos por seus discípulos, contradições e perguntas ocultas sobre as quais não se pronunciou, porque afirmou que não se considerava preparado e não acreditava oportuno falar de Deus e do que acontece depois da morte. Estes assuntos permanecem escondidos na *"Analectas"*, assim, não lidar com as questões do futuro, pode ter sido pensado que ele era agnóstico, mas não há provas suficientes disso, porque ele considerou que do que não é conhecido é preferível não fazer qualquer julgamento, uma questão que é muitas vezes apreciado em suas abordagens éticas.

Do nosso ponto de vista, vemos as seguintes características do pensamento confucionista que se manifestam em suas frases ou axiomas.

-A busca do equilíbrio social e político.

-Igualdade e bem-estar social e económico para todos.

-Direito à educação sem distinção de classes.

-Exemplo pessoal de funcionários públicos e governadores.

-Progresso Social.

-Respeito hierárquico e familiar.

-O direito dos povos de se rebelarem se forem mal governados.

-O valor da ética.

-Respeito pela alfândega.

Em seguida, tentaremos enquadrar as idéias básicas de Confúcio em diferentes esferas da estrutura social e do governo, para verificar a validade e atualidade do pensamento confucionista, bem como a necessidade de tê-las em mente para aqueles que lideram ou são entidades ativas nesta classificação, embora algumas de suas frases possam ou não ser incluídas no lugar que lhes foi atribuído nesta classificação, o que deixamos para o julgamento respeitado do leitor.

CAPÍTULO 2

Confúcio para governantes confusos

"É totalmente impossível governar um povo se ele perdeu a confiança nos seus governantes."

O governo ou desgoverno dos povos, a necessidade de que os verdadeiros líderes mundiais liderem a sociedade atual em plena globalização, é em primeiro plano o aspecto mais importante que devemos abordar segundo as doutrinas de Confúcio, porque não podemos nos perguntar agora "Quo Vadis" Humanidade, porque a resposta que esperamos não pode ser "Vou a Roma para ser crucificado". Não, a sociedade não merece este fim, a menos que não sejamos capazes de orientar as nossas acções e chegar a este destino.

Não, a humanidade deve continuar o seu caminho de progresso e deixar o Apocalipse de lado, a menos que este seja o fim inevitável que o destino nos reserva. Mas mesmo assim, o homem, o ser humano está dado a lutar até o fim de suas forças, porque o que teria sido de nossos primeiros antepassados que foram superados em tudo pelos animais carnívoros fortes e rápidos com os quais teve que viver". Eles, apesar de sua escassa inteligência no estágio inicial da evolução humana, e de sua falta de preparação para a luta de igual para igual, encontrada na cooperação social, na elaboração de armas e ferramentas de trabalho, uma forma de equilibrar, igualar e superar as forças de seus adversários, vencê-los e ser capaz de sobreviver e evoluir até alcançar o grau incomparável de desenvolvimento científico, tecnológico e cultural que hoje alcançamos.

Mais o homem nesta luta não fez as coisas de forma independente, cada um em seu próprio lado, mas de forma organizada, como um ser social e sob o comando de quem se considerava o mais capaz, mas era assim com sua força, pela sua inteligência. E em tal encruzilhada pode haver hoje seres humanos, descendentes desses primitivos *"homo sapiens"* e *"homus erectus"*.

Mais estes *"líderes"* de hoje, talvez com desafios ainda maiores do que aqueles homens primitivos, devem ter em mente preceitos ou princípios primordiais tais como aqueles que Confúcio traz e nós deixamos você valorizar que governantes o praticam, ou que os homens de governo eles mesmos provam até que ponto eles o realizam:

-Quando o próprio governante faz o bem, ele vai influenciar o povo sem dar ordens, e quando o próprio governante não faz o bem, todas as suas ordens serão inúteis.

-Se o governante se impõe por suas qualidades e mantém a ordem em harmonia com os bons costumes, o povo se sentirá envergonhado de agir mal e avançará no caminho da virtude.

-Para o bom governo dos reinos é necessária a observância de nove regras universais: o domínio e aperfeiçoamento de si mesmo, respeito pelos sábios, amor pela família, consideração pelos ministros como

os principais funcionários do reino, perfeita harmonia com todos os funcionários subordinados e magistrados, relações cordiais com todos os assuntos, aceitação do conselho e orientação de sábios e artistas com quem o governante deve sempre cercar-se, cortesia aos transeuntes e estrangeiros, e tratamento honroso e benigno dos vassalos.

-Se um governante retifica sua própria conduta, o governo é um assunto fácil, e se ele não retifica sua própria conduta, como ele pode retificar os outros?

-Quando um homem prudente é elevado à dignidade soberana, ele não se orgulha nem se orgulha dela; se a sua posição é humilde, ele não se rebela contra os ricos e poderosos.

-Quando o Reino é administrado com justiça e eqüidade, a sua palavra será suficiente para que lhe seja dada a dignidade que merece; quando o Reino é desgovernado e ocorrem tumultos e seduções, o seu silêncio será suficiente para salvar a sua pessoa.

-Quem se controlar a si mesmo e para o bem não terá dificuldade em governar eficazmente. Aquele que não sabe governar-se a si mesmo achará impossível ordenar a conduta de outros homens.

-Qual é a essência de um bom governo? Não resolver as coisas à pressa e não procurar a sua própria vantagem.

-É possível fazer com que as pessoas sigam o bom homem, mas nunca podem ser forçadas a entendê-lo.

-O fermento governa os acontecimentos do mundo sem ser visto; essa ação oculta do céu é o que se chama destino.

-Em público, comporte-se sempre como se estivesse diante de uma pessoa muito distinta; quando tiver que dar alguma ordem às pessoas, mostre o mesmo respeito e dignidade como se estivesse oferecendo o grande sacrifício. Não queira para os outros o que você não quer para si mesmo.

-É absolutamente impossível governar um povo se ele perdeu a confiança nos seus governantes.

-Quando o sábio faz uma determinação, é impossível para o povo penetrar nos verdadeiros motivos dessa determinação. Quando um príncipe é cercado por homens perversos, lisonjeiros e os serve, pode ele governar com retidão e eficácia?

-A primeira coisa que o chefe deve ver é que sua conduta é simples, reta e justa em todos os momentos; se ele sempre leva em conta o conselho de outros homens, ele deve sempre controlar seus próprios atos, e nunca deve comandar despoticamente.

-Qual é a essência de um bom governo? Não resolver as coisas à pressa e não procurar a sua própria vantagem.

-Os ministros de um príncipe virtuoso devem evitar três falhas: a petulância, que consiste em falar quando ninguém pediu sua opinião; a timidez, que consiste em não ousar expressar sua opinião quando convidado a fazê-lo; e a imprudência, que consiste em falar sem antes ter observado o estado de espírito do

príncipe.

-Se você respeitar a sua própria pessoa e todos os nossos semelhantes, ninguém pode desprezá-lo; se você for generoso, ganhará a afeição do povo; se você for sincero, ninguém irá desconfiar de você; se todos os seus atos o aproximarem do bem, o seu mérito será grande; o amor pelos homens é a melhor arma para um governo eficaz.

-O bom governante deve ser generoso sem cair na prodigalidade; deve cobrar impostos suficientes para levar uma vida digna, sem cair na ganância; o seu porte deve ser digno e grave, sem ser guiado por ostentação vã; deve ter autoridade, sem que a sua ordem seja despótica; deve exigir cautelosamente a colaboração do povo nas obras públicas, de modo a não despertar o seu ressentimento.

-Os quatro vícios do governo são os seguintes: não instruir o povo e esconder a verdade, que se chama "tirania"; exigir uma conduta perfeita de todos os cidadãos sem primeiro informá-los de suas obrigações, que se chama "opressão"; não ter pressa de dar ordens e depois esperar que elas sejam cumpridas no ato, que é uma grave injustiça; sempre buscar o próprio lucro, que se chama "egoísmo".

-Se os homens de cabelos grisalhos puderem se cobrir com roupas de seda e comer carne, se os jovens de cabelos negros deixarem de sofrer fome e frio, a vida do reino será próspera. Não houve um único príncipe que, agindo desta forma, não tenha conseguido ganhar autoridade sobre o seu povo.

-Não se preocupe se você não ocupa uma

posição oficial, preocupe-se se você não a merece. Não se preocupe em não ser famoso, mas sim em não ter o mérito de ser famoso.

-Levantem as pessoas honestas e coloquem-nas acima do desonesto, e ganharão os corações das pessoas. Se você elevar os desonestos e colocá-los acima dos honestos, o povo negará seu apoio.

-Para governar um estado médio, é preciso lidar com os assuntos com dignidade e boa fé; ser frugal e amar a todos; mobilizar o povo apenas nos momentos certos.

-Não posso suportar a autoridade sem generosidade, a cerimônia sem reverência, o luto sem dor.

-Quando um homem serve ao seu senhor, realizando todos os seus ritos, outros pensam que ele é um lisonjeador.

-Um soberano deve tratar seu ministro com cortesia, um ministro deve servir seu soberano com lealdade.

-Limita-te a cultivar a piedade filial e sê gentil com os teus irmãos, e já estarás a contribuir para a organização política." Essa é também uma forma de acção política; não é necessário participar necessariamente no governo.

-Quem governa por virtude é como a Estrela Polar, que permanece fixa em sua casa, enquanto as outras estrelas giram respeitosamente em torno dela.

-Os bárbaros que têm governantes são inferiores aos vários estados da China que não têm.

-No sacrifício ao antepassado da dinastia, uma vez que a primeira oferenda foi feita, eu não quero ver o resto.

-Se um rei não governa com justiça, isto é, se não enche seu povo de benefícios, é porque não quer e não pode.

-Se um príncipe se entristece com as desgraças de seu povo, os súditos também sentirão tristeza pelas tristezas de seu príncipe. Se o príncipe se alegra com a felicidade de seu povo, e faz suas as dificuldades de seus súditos, ele não terá dificuldade em seu governo.

-O que os governantes fazem é então imitado pelo povo. Não se pode, portanto, agora acusar ou condenar as pessoas pelos seus actos, porque elas imitaram o que aprenderam do seu príncipe; elas devolveram o que lhes foi dado.

-O nobre que procura fundar uma dinastia não aspira a ser elevado à dignidade imperial, mas apenas prepara o caminho para seus descendentes; se a vontade do céu é propícia para ele, ele será elevado à dignidade suprema.

-Quem tentar subjugar os homens pela força das armas não alcançará a submissão de seus corações; portanto, a violência nunca é suficiente para dominar os homens. Aquele que conquista os homens por virtude, faz com que todos se submetam a ela sem reservas e com um coração alegre.

-Nem as fortificações que se constroem, nem os obstáculos naturais que as montanhas e os rios representam, nem a abundância de armas são suficientes para a defesa de um reino. A melhor defesa de um reino consiste na vontade determinada dos seus habitantes, que é conquistada através de um governo humanitário e justo.

-Quem exerce um cargo público e não pode cumprir suas obrigações deve renunciar.
Os pequenos reinos imitam os poderosos, mas têm vergonha de receber ordens deles e não querem obedecer-lhes.

-Os reinos perecem por causa de sua decomposição interna antes que os outros reinos os ataquem.

-Se o príncipe for justo, ninguém será injusto; se o príncipe for bondoso, ninguém será cruel.

-Se o príncipe for justo, ninguém será injusto; se o príncipe for bondoso, ninguém será cruel. O Céu manifesta a sua vontade através dos méritos e boas obras dos homens. Esta é a única forma de manifestar a sua vontade. O céu vê através dos olhos do povo; o céu ouve através dos ouvidos do povo.

-Os ministros são conhecidos pelas pessoas que acolhem em sua casa quando estão no tribunal, e pelas casas em que se hospedam quando estão fora do tribunal.

-O superior deve honrar e respeitar a sabedoria de seus súditos, e o inferior deve ser respeitoso e cortês com seus superiores em relação à dignidade

que têm; respeitar a dignidade e honrar os sábios são duas manifestações do mesmo dever.

-O povo não valoriza o mérito de um bom governante. O bom governante conduz o povo ao bem apenas com a sua presença, a sua ação é oculta e imperceptível como a dos Espíritos. A influência da sua virtude é sentida em toda parte, como a das forças sutis do céu e da terra. A influência de um bom governante não tem limites.

-Os exemplos de bondade penetram os corações dos homens mais profundamente do que as boas palavras; é mais fácil obter a afeição das pessoas agindo com razão e aconselhando-as com razão do que com uma administração eficiente e leis justas.

-Não quero fazer aos outros o que não quero que me façam a mim.

-Como meu tenente eu não teria escolhido aquele que luta com tigres ou atravessa rios sem medo. Pelo contrário, alguém que estava cheio de medo antes de agir e sempre preferiu uma vitória alcançada através da estratégia.

-Você pode confiar a ele o cuidado de um órfão, pode confiar a ele o governo de um país inteiro; se você o testar, ele permanece inalterado. Alguém assim é um cavalheiro? Certamente que sim.

-É difícil encontrar um homem que possa estudar durante três anos sem pensar em conseguir um emprego.

-Não interfira na condução de qualquer outro

cargo que não seja o seu.

-Antes de ocupar uma posição, os plebeus devem primeiro aprofundar seus conhecimentos de ritos e música, enquanto os nobres podem deixá-los para mais tarde. Se tivesse de nomear funcionários, escolheria entre os primeiros.

-Um grande ministro é um ministro que serve o seu senhor seguindo o Caminho e que se demite quando ambos são irreconciliáveis.

-Guia para os funcionários. Perdoe os seus erros. Promove homens talentosos. Promova aqueles que você conhece (bem). Aqueles que não conheces dificilmente serão ignorados,

-(Quando) ele (o soberano) é reto: as coisas vão por si mesmas, sem a necessidade de dar ordens. (Quando) ele (o soberano) não é justo; ele tem que multiplicar as ordens que não são seguidas de qualquer maneira.

-Se um soberano pudesse me empregar, em um ano ele faria as coisas funcionarem e em três anos os resultados seriam vistos.

-Um povo é facilmente governado quando os seus superiores cultivam costumes sociais.

-Com um rei sábio, seria necessária uma geração inteira para a humanidade prevalecer.

-É difícil ser um príncipe, não é fácil ser um súbdito. Uma máxima que pudesse fazer com que o soberano compreendesse a dificuldade da sua tarefa

estaria perto de assegurar a prosperidade do país.

-O único prazer de ser príncipe é nunca ter de sofrer contradições. Se tiveres razão e ninguém te contradizer, tudo bem; mas se estiveres errado e ninguém te contradizer, não será este um exemplo de uma única máxima que pode arruinar um país?

-Fazer a população local feliz e atrair emigrantes de longe.

-Aquele que se comporta com honra e, quando enviado em missão nas quatro direções do mundo, não atrai desgraça para seu senhor, merece ser chamado de cavaleiro. Seus parentes elogiam sua piedade filial e os vizinhos de sua aldeia elogiam a maneira como ele respeita os idosos. E então, se ouso perguntar? Pode confiar na sua palavra; ele termina tudo o que empreende. Nisso, talvez ele só mostre a teimosia de um homem comum, mas provavelmente poderia ser chamado de cavaleiro de categoria inferior.

-Não tentes acelerar as coisas. Ignore as pequenas vantagens. Se acelerares as coisas, não vais atingir o teu objectivo. Se perseguirmos pequenas vantagens, as grandes empresas não darão frutos.

-Quem não tem uma posição no governo não discute a sua política.

-Nenhum cavalheiro deve considerar o que está acima da sua posição.

-Um cavalheiro deve ter vergonha se as suas acções não estiverem à altura das suas palavras.

-No final, perde-se o poder que é alcançado através do conhecimento, mas que não pode ser mantido através da bondade. Mas o poder que é alcançado através do conhecimento e que é mantido através da bondade não pode ser respeitado pelos outros se não for exercido com dignidade.

-Quando o príncipe é servido, a dedicação ao dever deve ter precedência sobre qualquer pensamento de recompensa.

-Aquele que é forte permanece firme; aquele que se sente inadequado se retira. Que tipo de ajudante é aquele que não pode segurar seu senhor quando hesita ou o sustenta quando cai? Além disso, o que disseste é falso. Se um tigre ou um rinoceronte escapar da sua gaiola, se uma concha de tartaruga ou um jade se partir no peito, ninguém será responsável por esse acidente.

-Um cavalheiro odeia pessoas que arranjam desculpas para as suas acções em vez de simplesmente dizer: "É isso que eu quero." Sempre ouvi dizer que o que preocupa o chefe de Estado ou o chefe de um clã não é a pobreza, mas sim a desigualdade, não a falta de população, mas a falta de paz. Porque se houver igualdade, não haverá pobreza, e se houver paz, não haverá falta de população. Então, se os habitantes que vivem em terras distantes continuam a resistir à vossa atração, deveis atraí-los através da força moral da civilização; e então, depois de tê-los atraído, fazei-os gozar da vossa paz. Mas agora, com vocês dois como ministros, seu senhor é incapaz de atrair os habitantes de terras distantes, seu país é minado por *divisões e tumultos, ele não pode mais mantê-lo unido.*

-É possível servir um príncipe na companhia de um canalha? Antes de chegar à sua posição, seu único medo é o de não poder alcançá-la, e uma vez que a obtenha, seu único medo é o de perdê-la. E quando ele teme perdê-la, torna-se capaz de tudo.

-Odeio que o roxo substitua o vermelhão; odeio que a música popular corrompa a música clássica; odeio que as línguas falsas derrubem reinos e clãs.

-Um cavalheiro não negligencia os seus parentes. Não dá aos seus ministros a oportunidade de se queixarem de que não são de confiança. Sem uma causa grave, ele não rejeita os velhos vassalos. Ele não espera perfeição de ninguém.

-Um cavalheiro primeiro ganha a confiança do seu povo e depois pode mobilizá-lo. Sem essa confiança, pode sentir-se usado. Primeiro ganha a confiança do seu príncipe e depois pode criticá-lo. Sem esta confiança, o príncipe pode sentir que está a ser caluniado.

-Ele regula os pesos e medidas, restabelece os encargos que foram abolidos, e a autoridade do governo vai chegar a todos os lugares. Restaurar estados que foram destruídos; retomar linhas dinásticas interrompidas, reinstalar exilados políticos, e você ganhará os corações das pessoas em todo o mundo.

-Os assuntos que interessam são: o povo, a comida, o luto e os sacrifícios.

-A generosidade bate as massas. A boa fé inspira confiança nas pessoas. A atividade garante o sucesso. A justiça traz alegria.

-Um cavalheiro é generoso sem ter que gastar; ele faz as pessoas trabalharem sem se queixarem; tem ambição, mas não rapacidade; possui autoridade, mas não arrogância; é severo, mas não feroz.

-Se você deixa as pessoas fazerem o que é benéfico para elas, você não está sendo generoso sem ter que gastar? Se você fizer com que as pessoas trabalhem apenas no que é razoável, quem irá reclamar? Se a sua ambição é a humanidade e se você percebe isso, que espaço há para a rapacidade? Um cavalheiro trata igualmente os muitos e os poucos, os humildes e os grandes, presta a mesma atenção a todos: não é isso ter autoridade sem arrogância? Um cavalheiro veste-se correctamente, os seus olhos são direitos, as pessoas olham para ele com respeito.

-O que são os Quatro Males? O Mestre respondeu: "O terror que está na ignorância e no crime. A tirania que exige resultados sem ordens adequadas. Extorsão, que é executada através de ordens contraditórias. Oficiais que relutantemente dão às pessoas o que lhes é devido.

CAPÍTULO 3

Confúcio para uma educação confusa

"Transmitir cultura para todo o mundo, sem distinção de raça ou categoria".

Como esperado, a educação foi um tema recorrente no pensamento de Confúcio, que se destacou em sua vida sobretudo por isso, sendo um bom mestre, prova disso é que seus discípulos foram os autores da divulgação de suas obras e alguns deles até o seguiram, no autoexílio ao qual ele quis submeter-se, viajando por muitos anos pelos reinos da China.

No entanto, e coisa estranha, em muitas escolas Confúcio não é conhecido ou falado, e o que é pior, alguns de seus princípios educacionais são atribuídos a outros pensadores posteriores, eu não acho que porque eles foram plagiados, mas porque fundamentalmente pensamento oriental e conhecimento ficou escondido da cultura ocidental por séculos e em muitos casos, agora está vindo à luz, ou é verdadeiramente compreendido.

Confúcio foi o primeiro a estabelecer uma ligação adequada entre educação e poder político, a partir do fato de que os homens não são nomeados desde o nascimento para obter o cargo público, ou para governar, que deve ser vencido pelo mais adequado, o mais sacrificado, o mais persistente. Estes, independentemente da sua origem social, são os que devem governar, instruídos através de um intenso e rigoroso processo educativo que forma os valores morais necessários ao exercício das funções públicas. O que deve inspirar respeito é a educação do homem, a sua capacidade intelectual, e não quem é rico ou poderoso.

A educação confucionista era muito humanista e estava aberta a todos sem qualquer discriminação: aos ricos e pobres, aos nobres e plebeus. Seu objetivo era principalmente ético, o desenvolvimento intelectual do ser humano como a principal forma de alcançar um alto nível de preparação com valores morais profundos e suficientes para seu desempenho social. A educação é necessária para alcançar condutas morais adequadas, baseadas em princípios corretos de ação.

Confúcio foi o primeiro, ou talvez um dos primeiros, a perceber que a educação é o verdadeiro instrumento para formar o homem e torná-lo apto para se desenvolver e trabalhar na época em que vive.

Isto não significa que Confúcio se tenha tornado professor apenas por vocação; pode até ser que, na ausência de qualquer outra atividade, ele tenha escolhido o ensino como forma de ganhar a vida, ou de influenciar a sociedade que lhe fechou as portas, dada a sua condição social de órfão de um funcionário público de uma ilustre família antiga, lançado ao vento. Nesse sentido, sua performance foi tão espetacular que, na China, foi conhecido como "*o Primeiro Mestre Supremo*".

Mais o certo é que, gostemos ou não, ele escolheu a profissão certa no final e através de suas aulas, muitas vezes na forma de palestras e diálogos com perguntas e respostas, encontramos o pensamento certo daqueles que entenderam que o progresso de uma sociedade está na qualidade da educação de seus membros, e nesse sentido seus preceitos abundam, que repito, muitas vezes vieram até nós pela boca, ou pela pena de outros, sem considerar que foi um plágio para o ilustre mestre chinês.

Algumas das suas ideias são apresentadas abaixo:

-Não ensinar um homem que está disposto a aprender é desperdiçar um homem.

-Transmitir cultura para todo o mundo, sem distinção de raça ou categoria.

-Estuda o passado se quiseres prever o futuro.

-Ensinar as crianças a amar seus pais e irmãos e a respeitar seus superiores, lançou as bases de atitudes mentais e morais corretas para se tornarem bons cidadãos.

-Pensar, sem aprender, é cansativo e perigoso. Aprender, sem pensar, é vaidade.

-Ouvir muitas coisas e selecionar entre elas o que é bom e segui-lo; ver muitas coisas e gravá-las em sua mente; este, pelo menos, é o segundo grau de sabedoria.

-Não ensino a quem não se esforça sinceramente para aprender.
-A minha única ambição e desejo é não cair na

necessidade de me vangloriar das minhas virtudes e da minha inteligência e não proclamar as minhas boas obras.

-O conhecimento consiste em admitir como saber o que se sabe e como não saber o que se não sabe.

-Quem aprende não penetra na verdade; quem penetra na verdade não a pode assegurar; quem a segura não a pode pesar em cada circunstância particular. Não há nada mais patente do que o segredo, e nada mais tangível do que o mais íntimo; portanto, o nobre deve ter cuidado com o que só ele é para si mesmo. Em que consiste a ciência? Conhecer homens.

-Não tenha vergonha de fazer perguntas para resolver suas dúvidas e meditar sobre as respostas que lhe foram dadas.

-As melhores palavras são aquelas que têm um significado profundo e, ao mesmo tempo, são compreensíveis para o mundo inteiro.

-Quem nasce em nossos dias e retorna aos caminhos da antiguidade é um tolo e trabalha sua própria desgraça.

-Quando as pessoas são tão numerosas, o que pode ser feito para o seu bem? Para os tornar ricos e felizes. E quando ele é rico, que mais se pode fazer por ele? Eduque-o.

-De qualquer forma, quem perseverar o suficiente para percorrer este caminho, se for tolo,

virá a ver claramente; se for fraco, virá a ser forte.

-Eu não inovo, eu transmito: sou fiel, amo a antiguidade.

- Se você tem um defeito, tente corrigi-lo.

-A sabedoria e a prudência não servem de nada se não houver ocasião propícia; os bons arados nada podem fazer por si mesmos, se não houver uma estação favorável.

-As penalidades e privatizações aumentam a inteligência e reforçam a prudência.

-Ensinar aqueles que não estão dispostos a aprender é desperdiçar palavras.

-O nobre procura apenas a verdade e não se apega com obstinação cega ao seu critério.

-Quando as famílias individuais aprenderam a bondade, então toda a nação aprendeu a cortesia.

-A verdadeira ciência consiste em saber que se sabe o que se sabe realmente e que se ignora o que se ignora realmente. Isto é o que é a verdadeira sabedoria.

-Se alguém conhece de cor as trezentas peças do songbook, mas quando lhe são confiadas as funções de governo, não é capaz de desempenhar (o cargo), ou enviado ao exterior como enviado, não sabe responder por si mesmo, qual é a utilidade de tanta erudição?

-É coisa do céu possuir a verdade, é coisa do homem buscar a verdade. Aquele que possui a verdade está certo sem esforço, ele alcança o sucesso sem reflexão.

-As pessoas só podem ser guiadas pelos costumes, não pelo conhecimento.

-Tornar verdadeiros os nossos pensamentos significa não nos enganarmos a nós próprios.

-Quem tem a substância íntima também tem as palavras; quem tem as palavras nem sempre tem também a substância íntima.

-Os caminhos dos sábios são altos e inacessíveis. Suas ações podem ser admirados, mas não imitado.

-Não é uma alegria aprender algo e depois colocá-lo em prática no tempo devido? Não é um prazer ter amigos que vêm de longe? Não é uma característica de um cavalheiro não se incomodar quando seus méritos são ignorados

-Abordar uma questão do lado errado é certamente prejudicial.

-Colete muita informação, ponha de lado o que é duvidoso, repita o resto cautelosamente; então você raramente cometerá um erro. Faça muitas observações, ponha de lado o que é suspeito e pratique o resto com cautela; então você terá poucas oportunidades para se arrepender. Com poucos erros no que dizes e poucos arrependimentos no que fazes, a tua carreira está feita.

-A única coisa que podemos saber sobre música é o seguinte: primeiro, há uma abertura com todos os instrumentos tocando em uníssono; daqui flui com harmonia, clareza e continuidade; e então termina.

-Nos tempos antigos as pessoas estavam relutantes em falar, porque temiam a desgraça de que as obras não estavam ao nível das palavras.

-Eu parei de comer e beber para meditar, é inútil: é melhor aprender.

-O hábil carpinteiro não se torna desajeitado para ser imitado por nenhum de seus assistentes.

-Quando eu tinha quinze anos, estava determinado a aprender; quando tinha trinta anos, tinha um fundamento firme; quando tinha quarenta anos, não tinha dúvidas de coisa alguma; quando tinha cinqüenta anos, conhecia a lei do céu; quando tinha sessenta anos, tinha os ouvidos bem abertos; quando tinha setenta, podia satisfazer os desejos do meu coração sem os exceder.

-É necessário conhecer o fim para o qual devemos direcionar nossas ações. Assim que conhecermos a essência de todas as coisas, teremos alcançado a situação de perfeição que estabelecemos para nós mesmos.

-O sábio finge que suas ações virtuosas passam despercebidas aos homens, mas dia após dia se revelam com maior esplendor; pelo contrário, o homem inferior ostensivamente realiza ações virtuosas, mas desaparecem rapidamente. A conduta do sábio é como a água: falta-lhe sabor, mas tudo agrada; falta-lhe cor, mas é bela e cativante; falta-lhe forma, mas adapta-se com simplicidade e ordem às mais variadas figuras.

-Sem oferecer bens materiais, o sábio ganha o amor de todos; sem ser cruel ou encabeçado, ele é temido pelo povo mais do que machados e lanças.

-Se o sábio observa um comportamento desdenhoso, não inspira respeito; se se limita ao estudo, seu conhecimento não será profundo. Você deve ser sempre sincero, fiel e agir de boa fé. Não seja amigo de pessoas de virtude ou conhecimento inferior ao seu. Se você tem um defeito, tente corrigi-lo.

-Aprendei a escutar sem descanso para dissipar as vossas dúvidas; medei as vossas palavras, para que nada do que disserdes seja supérfluo; só assim podereis evitar qualquer erro. Observe tudo isso para evitar danos que possam ser causados por informações insuficientes. Controle suas ações para que você não tenha que se arrepender muitas vezes. Assim que tiver conseguido tornar as suas palavras normalmente diretas e não se arrepender frequentemente dos seus actos, será digno do cargo que ocupa.

-É melhor amar a verdade do que conhecê-la friamente; é melhor entrar na prática da verdade do que simplesmente amá-la.

-As palavras devem expressar fielmente o nosso pensamento.

-Só os homens de inteligência profunda e os tolos da mente mais obtusa permanecem invariáveis.

-Pode ser descrito como "um amante do estudo" que a cada dia adquire novos conhecimentos, e a cada mês retém o que aprendeu.

-Se os instrutores ensinarem claramente os deveres a todos os cidadãos do Reino, eles viverão entre si em concórdia e harmonia.

-Você procura o caminho certo de longe e o tem com você. Você crê que o bem consiste na realização de coisas difíceis, quando nada mais é do que a realização justa de coisas fáceis.

-Há homens que são conhecidos como grandes criadores porque ninguém jamais refutou seus argumentos frágeis. Uma das principais falhas dos homens é fingir ser um modelo para os outros.

-O sábio, assim que alcança uma virtude, apega-se fortemente a ela e nunca a perde; assim que aperfeiçoou ao máximo a virtude adquirida, guarda-a cuidadosamente dentro de si como uma fonte inesgotável de energia.

-Se não se aprende, a sinceridade se transforma em rudeza; a coragem em desobediência; a constância em teimosia caprichosa; a humanidade em estupidez; a sabedoria em confusão; a verdade em ruína.

-Quando o Céu quer dar a alguém uma missão difícil, ele primeiro testa a força do seu espírito e o equilíbrio da sua mente com as dificuldades de uma *vida dura; cansa seus músculos e seu corpo inteiro com trabalho duro, que testa sua resistência; mortifica sua carne e pele com os rigores da fome e do frio; submete-os às maiores privações da miséria; determina que eles não terão sucesso em seus empreendimentos para que eles enfrentem o fracasso. Deste modo, o céu estimula as suas virtudes, fortalece os seus corpos e torna-os aptos a enfrentar as dificuldades que encontrarão no cumprimento da sua alta missão. A dificuldade é o que mais estimula o homem a superar suas deficiências e a superá-las. Só quando se sofreu todo tipo de privações e obras, só quando se viu o rosto da miséria, só então é possível conhecer a natureza humana em profundidade.*

-O homem cumpre a vontade do Céu quando se esforça para se aperfeiçoar.

-Se você procura você vai encontrar, se você é negligente você vai perder tudo. Aquele que procura o que está dentro de si, descobri-lo-á e alcançá-lo-á; o êxito dessa busca é certo, uma lei invariável garante a aquisição do que se busca. Se, por outro lado, procurarmos o que está fora de nós, todos os esforços serão infrutíferos.

-É melhor desconsiderar os livros históricos do que aceitar incondicionalmente o que neles se refere.

-Para que as nossas palavras estejam sempre em conformidade com a justiça, é necessário evitar a familiaridade excessiva com os que nos rodeiam; o respeito mútuo é a melhor defesa contra palavras rudes e rudes. Se o sábio fala quando deve ficar calado, todos ficam perplexos com as suas palavras; se, pelo contrário, o sábio fica calado quando deve

falar, todos ficam perplexos com o seu silêncio.

-Pessoalmente, não sou dotado de conhecimento inato. Sou simplesmente um homem que adora o passado e é diligente em investigá-lo.

-Põe-me na companhia de duas pessoas ao acaso, e elas terão invariavelmente algo para me ensinar. Posso considerar as suas qualidades como um modelo e os seus defeitos como um aviso.

-Em um povoado de dez casas você certamente encontrará pessoas leais e fiéis como eu, mas não encontrará alguém que ame tanto o conhecimento.

-Seja um estudioso nobre e não um vulgar arrogante.

-Quando a natureza prevalece sobre a cultura, você tem um selvagem; quando a cultura prevalece sobre a natureza, você tem um pedante. Quando a natureza e a cultura estão em equilíbrio, você tem um cavalheiro.

-Limito-me a transmitir, não invento nada. Confio no passado e adoro-o.

-Um estudioso deve ser forte e resoluto, pois seu fardo é pesado e sua jornada longa. O fardo dele é a humanidade, não é assim tão pesado? A viagem dele só termina com a morte, não é assim tão longa?

-Vós podeis expor as coisas superiores às pessoas comuns; mas não podeis expor as coisas superiores às pessoas inferiores.

-Assegurai os direitos das pessoas; respeitai os espíritos e os deuses, mas guardai-os à distância; isto é sabedoria, sem dúvida.

-Nunca neguei os meus ensinamentos a ninguém que os procurasse, ainda que ele fosse demasiado pobre para oferecer algo mais do que um detalhe de gratidão pela sua educação.

-Instruo apenas os entusiastas; guia apenas os fervorosos. Eu descubro apenas parte da pergunta, e se o aluno não consegue descobrir o resto, não digo mais nada.

-Sem dúvida eu sou afortunado; toda vez que eu cometo um erro, há sempre alguém que o aponte.

-Talvez haja pessoas que possam agir sem conhecimento, mas eu não sou um deles. O melhor substituto para o conhecimento inato é ouvir muito, escolher o melhor e segui-lo; ver muito e manter a imagem.

-Eu não pretendo ser sábio ou ter alcançado a perfeição humana. Como ouso dizer isso? No entanto, o meu objectivo permanece inalterado e nunca me canso de ensinar as pessoas.

-Aprender é como caçar, porque quando não se recebe a peça [quando não se compreende], tem-se medo de perder o que já se tem.

-Há botões que nunca chegam a florescer, há flores que nunca chegam a dar frutos.

-Natureza é cultura, cultura é natureza. Sem o

seu pêlo, a pele de um tigre ou de um leopardo é exactamente igual à de um cão ou de uma ovelha.

-Um cavalheiro faz amigos graças à sua cultura e com eles cultiva a sua humanidade.

-Nos tempos antigos, as pessoas estudavam para melhorar. Hoje, eles estudam para impressionar os outros.

-Você precisa ser ensinado por bons homens sete anos antes de poder pegar em armas.

-Mandar alguém para a guerra que não tenha sido devidamente instruído é mandá-lo para a sepultura.

-Não me gabo de ter uma língua inteligente, simplesmente odeio teimosia.

-Eu não acuso o Céu, nem culpo os homens; estou aprendendo aqui embaixo e ali em cima, estou sendo ouvido. Se eu sou entendido, deve ser pelo Céu.

-A maior sabedoria consiste em evitar o mundo; então, evitar certos lugares; então, evitar certas atitudes; finalmente, evitar certas palavras.

-No caminho da virtude, não tenhas medo de superar o teu mestre.

-Os meus ensinamentos são dirigidos a todos sem distinção.

-As palavras servem simplesmente para comunicar.

-Quando lidais com um homem que é capaz de compreender os vossos ensinamentos, se não o ensinardes, fazeis com que o seu talento seja desperdiçado. Quando você lida com um homem que é incapaz de entender seus ensinamentos, se você o ensina, você desperdiça seus ensinamentos. Um mestre sábio não desperdiça um homem nem desperdiça os seus ensinamentos.

-Um homem que não se importa com o futuro está condenado a se importar com o presente.

-Eu não suporto aqueles que são capazes de passar o dia inteiro exibindo sua ingenuidade sem encontrar uma única verdade.

-Ainda me lembro de uma época em que os escribas encontravam uma palavra duvidosa e deixavam um espaço em branco, e os proprietários de cavalos tinham novos cavalos testados por um especialista. Hoje em dia, estas práticas já não são seguidas.

-Numa tentativa de meditar, passei um dia inteiro sem comer e a noite sem dormir, mas não me serviu de nada. É melhor estudar.

-Aqueles que possuem conhecimento inato pertencem ao mais alto escalão. Depois vêm aqueles que adquirem conhecimento através da aprendizagem. A seguir estão aqueles que aprendem através das vicissitudes da vida. Na categoria inferior estão as pessoas comuns que passam pelas vicissitudes da vida sem aprender.

-Amar a humanidade sem amar, sem amar, degenera em loucura. Amar a inteligência sem amar o conhecimento degenera em frivolidade.

-Amar cavalheirismo sem conhecimento amoroso degenera em banditismo. Amar a franqueza sem amar o conhecimento degenera em brutalidade.

-Amar a coragem sem conhecimento amoroso degenera em violência. Amar a força sem amar o conhecimento degenera em anarquia.

-Meus filhos, porque não estudam os poemas? Os Poemas podem oferecer-lhe encorajamento e observação, capacidade de comunhão e veículo de dor. Em casa, permite-te servir o teu pai e, lá fora, servir o teu senhor. Você também pode aprender neles os nomes de muitos pássaros, animais [que não voam], plantas e árvores.

-Quem dia após dia se lembra do que ainda não aprendeu, e mês após mês não esquece o que já aprendeu, é realmente alguém apaixonado pelo conhecimento.

-Expanda o que você aprende e mantenha-se fiel ao seu propósito; investigue de perto e reflita sobre as coisas que estão à mão. Então vais encontrar a plenitude da tua humanidade.

-Os cem artesãos vivem em suas oficinas para aperfeiçoar seu artesanato. Um cavalheiro continua a aprender a alcançar a verdade.

-O tempo livre da política deve ser dedicado ao conhecimento. O tempo não dedicado à aprendizagem

deve ser dedicado à política.

-Não suporto aquelas pessoas que enchem a barriga o dia todo, sem usar o cérebro! Por que não podem jogar xadrez? Pelo menos isso seria melhor do que nada.

CAPÍTULO 4

Confúcio para uma ética confusa

"Aquele que deseja para os outros o que desejaria para si próprio, e não faz aos seus semelhantes o que não quer que eles lhe façam, possui a retidão de coração e cumpre o padrão de conduta moral que a sua própria natureza racional impõe ao homem".

No que diz respeito à ética, à moral, ao decoro, à boa conduta e a tudo o que está associado a esta série de conceitos, foi um dos aspectos do trabalho diário do ser humano onde as máximas, conselhos, preceitos ou tudo o que Confúcio pregava para o comportamento dos homens se manifestavam mais claramente, mas preferencialmente o dos oficiais e governantes, deve estar em conformidade com os ideais necessários para alcançar o bem-estar humano e social, que o pensador considerou que seria o quadro de felicidade em que o homem deve viver, nas condições da era histórica em que ele viveu na China antiga.

E não se pode dizer que Confúcio fez novas contribuições para as doutrinas morais da época, mas que ele simplesmente expressou verbalmente como seria o ideal de conduta dos cidadãos, mesmo que na prática eles não fossem realizados e que ele falhou em adquirir uma posição estável daquela dinastia de burocratas.

Sim, o que Confúcio não poderia conseguir na prática, ele expressou como padrões de comportamento para aqueles que detinham responsabilidades públicas e governamentais, criando uma escola, *"confucionismo"*, não *"confusionismo"* como se poderia interpretar mal, se isso está associado com a confusão.

As idéias de Confúcio não foram consistentemente aplicadas em seu tempo, mas por dinastias subseqüentes, especialmente o "Han", que governou a China por quatro séculos, ancorando-se na base conceitual da doutrina confucionista, permitindo-lhe alcançar um alto grau de esplendor em sua existência relativamente longa.

O ideal de Confúcio não era abolir as normas, mas regular o que, segundo sua doutrina, poderia ajudar a alcançar um verdadeiro equilíbrio nas relações sociais existentes e também nas relações familiares, no respeito aos filhos dos pais, dos irmãos menores aos mais velhos, das mulheres aos seus maridos, etc. Mas é sempre muito importante ressaltar que os responsáveis pela direção cumpriram e foram um exemplo em suas funções. É claro que as idéias sobre este tipo de subordinação, independentemente da advertência final, sofrem com o fato de que não há razão para que a esposa seja subordinada ao marido, de modo que, em um sentido mais igualitário, essas idéias precisam ser atualizadas e sua validade não pode ser tomada literalmente.

Um dos pilares básicos sobre os quais se baseia o confucionismo, e não estou fazendo uma análise filosófica do problema, é o do *"exemplo"*, levado à sua máxima expressão pelos líderes, sem o qual nada se consegue e sua não observância poderia chegar à justificativa da rebelião, considerada então como uma blasfêmia, um pecado, um crime perigoso colocá-lo sobre a mesa, em uma sociedade em que o mais comum é que ninguém mantenha um comportamento exemplar, ou seja, era uma forma de procurar inimigos em toda parte. Mas Confúcio aceitou o desafio.

Para Confúcio, uma sociedade justa e humana, onde prevalecia a bondade e o bem-estar, só poderia ser alcançada com o exemplo daqueles que a dirigiram e integraram, e se isso não foi alcançado ainda hoje, na sociedade atual, imagine como poderia ser realizada há 2.500 anos.

Mais sem entrar em mais conjecturas, deixamos-vos com alguns axiomas que integram a doutrina ética de Confúcio, muitos deles de indiscutível valor e atualidade.

-Você me pergunta por que eu compro arroz e flores? Eu compro arroz para viver e flores para ter algo para viver.

-Quando comecei a lidar com os homens, escutei suas palavras e confiei que suas ações se conformariam com elas. Agora, ao lidar com os homens, ouço as suas palavras e, ao mesmo tempo, observo as suas acções.

-O homem prudente é paroquial no discurso, mais activo na acção.

-A cortesia que deve presidir às nossas acções diárias baseia-se principalmente no respeito e na compreensão por todos.

-Minha doutrina está toda resumida em uma

coisa: "tchung" (os meios); ou, talvez, em uma palavra: "shu" (igualdade, reciprocidade, amor ao próximo).

-O nobre não ignora os seus semelhantes.

-Quando a pessoa examina a sua interioridade e descobre que não há nada de errado com ela, por que deveria estar triste, o que deveria temer

-Um homem superior é aquele que primeiro põe em prática suas idéias e depois prega aos outros o que já faz.

-É tão ruim ir além da medida quanto não alcançá-la.

-O nobre nunca expressa sua opinião sobre coisas que não entende. Ele busca a máxima precisão em suas palavras; isso é o mais importante.

-Aquele que ama os homens fortalece os homens, pois ele mesmo deseja ser fortalecido; ele ajuda os homens a alcançar o sucesso, pois ele mesmo deseja alcançar o sucesso.

-O que é bondade? Amar todos os homens.

-A verdade não pode afastar-se da natureza humana. Se o que consideramos verdade se afasta da natureza humana, então não pode ser verdade.

-O homem que não medita e age com pressa não poderá evitar grandes fracassos. Você deve sempre manter sua cabeça fria, seu coração quente e sua mão estendida.

-Quando o coração está agitado, é oferecido rotineiramente. Portanto, somente o homem sábio é capaz de esgotar o significado da oferta. Nada é mais admirável num homem nobre do que saber aceitar e imitar as virtudes dos outros.

-Aquele que domina a sua raiva domina o seu pior inimigo.

-O caminho reto não é seguido. Eu sei a causa. Os homens instruídos passam-no; os ignorantes não o alcançam. Os homens de forte virtude vão mais longe; os de fraca virtude não vão mais longe. O homem de virtude autêntica persevera naturalmente na prática do médium igualmente longe dos extremos.

-O maior defeito dos homens consiste em preocupar-se em rasgar o joio dos campos dos outros, negligenciando o cultivo de seus próprios campos.

-O nobre promove o que é belo no homem, o vil o que é feio no homem.

-Refletir calmamente antes de fazer qualquer determinação, nunca se cansar de fazer o bem, e lidar com cada assunto como apropriado.

-Um homem não procura ver-se em águas correntes, mas em águas calmas, porque só o que é calmo em si mesmo pode dar paz aos outros.

-Quem fala excessivamente e sem sanidade raramente põe em prática o que diz. O nobre homem nunca teme que as suas palavras ultrapassem as suas

acções.

-Aquele que sabe manter uma postura digna, mesmo quando está entre seus amigos, fará com que seus amigos mais próximos sintam um grande respeito por ele.

-A medida e os meios são a culminação da natureza humana. O estado em que a esperança, nem a ira, nem a tristeza, nem a tristeza, nem a alegria ainda não se manifestam, é chamado de meio. O estado em que eles se manifestam, mas conseguem o ritmo certo é chamado de harmonia.

-Silêncio é o único amigo que nunca trai.

-Tudo é perdoado a quem não perdoa nada a si mesmo.

-O autocontrole raramente leva alguém a cometer erros.

-Quando vires um homem honesto, tenta imitá-lo. Quando virdes um homem que não é honesto, examinai-vos (vede se tendes os mesmos defeitos).

-Quando se está ao serviço de um senhor, a mesquinhez atrai o infortúnio; nas relações amigáveis, a mesquinhez atrai o distanciamento.

-Só um homem benevolente pode amar e odiar os outros.

-Quando se procura realizar a humanidade, não há lugar para o mal.

-*Os nossos defeitos definem-nos. Deles podemos conhecer as nossas qualidades.*

-*É bonito viver no meio da humanidade. É difícil escolher um lugar para viver sem humanidade:*

-*Um homem sem virtude não pode suportar adversidade ou alegria por muito tempo. Um bom homem descansa na sua humanidade. Um homem sábio sabe como usá-lo.*

-*Um homem que valoriza mais a virtude do que a boa aparência, que dedica toda a sua energia ao serviço do pai e da mãe, que está disposto a dar sua vida por sua própria causa.*

-*Soberano, e que no relacionamento com seus amigos ele é leal à sua palavra, embora alguns possam chamá-lo de ignorante, vou continuar a afirmar que ele é um homem educado.*

-*Se não faço sacrifícios com todo o meu coração, é como se não os tivesse feito.*

-*O que se faz é feito; tudo pertence ao passado, e não vale a pena discutir.*

-*No tiro com arco, não importa se você passa pelo alvo ou não, porque os arqueiros podem ter pontos fortes diferentes. Era assim que costumava ser.*

-*Descubra as razões de um homem para agir, veja como ele age, e examine onde ele encontra paz. Há mais alguma coisa que ele possa esconder de nós?*

-*Se um homem não tem humanidade, de que lhe*

servem os ritos? Se um homem não tem humanidade, de que serve a música para ele?

-Um cavalheiro come sem encher a barriga; escolhe uma habitação sem exigir conforto; é diligente no seu trabalho e prudente no seu discurso; procura a companhia dos virtuosos para corrigir a sua própria conduta. De tal homem, pode-se realmente dizer que ele tem um desejo de aprender.

-Conduzidas por manobras políticas e contentes com punições, as pessoas tornam-se astutas e perdem a vergonha. Impulsionados pela virtude e moderados pelos ritos, desenvolvem um sentido de vergonha e participação.

-O cavalheiro considera o todo em vez das partes. O homem comum considera as partes em vez do todo.

-Possuir capacidades e talentos e aceitar a opinião daqueles que não os têm; ter muito e aceitar a opinião daqueles que não têm nada; ser rico e comportar-se como se fossem pobres; ser pleno e parecer vazio e desprovido de tudo; deixar-se ofender sem mostrar ressentimento; em certo momento tive um amigo que se comportou assim na vida.

-Para que a verdadeira amizade se desenvolva, é necessário dispensar a superioridade da idade, das honras, das riquezas ou do poder. O único motivo que nos deve incitar à amizade é a busca das virtudes e da perfeição mútua.

-Não devemos ser afligidos por os homens não te conhecerem. O infeliz é que você não é digno de ser

conhecido pelos homens.

-Uma virtude nunca pode subsistir em isolamento; ela deve sempre ser protegida por outras virtudes.

-Os infortúnios, como a fortuna, só vêm quando os procuramos pelos nossos actos.

-Se o sábio observa uma conduta desdenhosa, não imporá respeito; se se limitar ao estudo, seu conhecimento não será profundo. Você deve ser sempre sincero, fiel e agir de boa fé.

-Aquele que não é fiel e sincero com seus amigos nunca gozará da confiança de seus superiores.

-Uma posição eminente sem nobreza de caráter, adoração sem veneração, práticas funerárias sem dor sincera: aqui estão situações que não suporto.

-O nobre homem preserva durante toda a sua vida a ingenuidade e inocência da infância.

-Aquele que aceita sofrer sofrerá metade da sua vida; aquele que não aceita sofrer sofrerá durante toda a sua vida.

-Quando ainda não se sabe o que é a vida, como se pode saber o que é a morte?

-Não pode ser qualificado como nobre que não conhece a vontade do céu, não pode sentar-se sobre um alicerce firme que não conhece as leis das conveniências ("li"), não pode conhecer homens que

não compreendem as suas palavras.

-Do homem mais nobre ao mais humilde, todos têm o dever de melhorar e corrigir seu próprio ser.

-Para tornar nossas intenções corretas e sinceras, devemos agir de acordo com nossas inclinações naturais.

-Quando a alma está agitada pela raiva, falta-lhe esta fortaleza; quando a alma está inibida pelo medo, falta-lhe esta fortaleza; quando a alma está intoxicada pelo prazer, não pode permanecer forte; quando a alma está sobrecarregada pela dor, ela também não pode alcançar esta fortaleza. Quando o nosso espírito está perturbado por alguma razão, olhamos e não vemos, ouvimos e não ouvimos, comemos e não provamos.

-O que desaprovastes dos vossos superiores, não pratiqueis com os vossos subordinados, nem o que desaprovastes dos vossos subordinados, deveis praticar com os vossos superiores. O que desaprovais dos que vos precederam, não pratiqueis com os que vos seguem, e o que desaprovais dos que vos seguem, não pratiqueis com os que estão à vossa frente.

-A situação em que nos encontramos quando a alegria, o prazer, a raiva ou a tristeza ainda não se desenvolveram em nossos espíritos é chamada de "centro". Assim que tais paixões começam a desenvolver-se sem exceder um certo limite, encontramo-nos num estado chamado "harmonioso" ou "equilibrado". O caminho reto do universo é o centro, a harmonia é a sua lei universal e constante.

-Quando o centro e a harmonia atingem o mais alto grau de perfeição, reina a paz e a ordem no céu e na terra, e todos os seres atingem o seu pleno desenvolvimento.

-O nobre homem, quaisquer que sejam as circunstâncias em que se encontre, adapta-se a elas para que permaneça sempre no centro. Assim que obteve uma nova virtude, apegou-se a ela, aperfeiçoou-a em si mesmo e não a abandonou mais em toda a sua vida.

-Muito mais excelente é a virtude de quem permanece fiel à prática do bem, mesmo se o país carece de leis e sofre de má administração.

-O caminho certo ou padrão de conduta moral deve ser buscado dentro de nós. Não é uma verdadeira norma de conduta aquilo que se descobre fora do homem, isto é, aquilo que não deriva diretamente da própria natureza humana.

-Aquele que deseja para os outros o que desejaria para si próprio, e não faz aos seus semelhantes o que não quer que eles lhe façam, possui a retidão de coração e cumpre o padrão de conduta moral que a sua própria natureza racional impõe ao homem.

-Se, antes de começarmos a falar, determinarmos e escolhermos as palavras de antemão, nossa conversa não será hesitante ou ambígua. Se em todos os nossos negócios e empresas determinarmos e planejarmos com antecedência os estágios de implementação, alcançaremos facilmente o sucesso. Se determinarmos nosso padrão de conduta nesta *vida cedo o suficiente, nosso espírito nunca será atacado pela inquietação. Se conhecermos os nossos deveres com antecedência, será fácil para nós cumpri-los.*

-Controle-se até mesmo em casa; não faça, mesmo no lugar mais secreto, qualquer coisa de que você possa ter vergonha.
Saber o que é certo e não praticá-lo é covardia.

-Observe os sábios para ver se você possui suas virtudes. Observai também os perversos para meditar em vós mesmos, se estiverdes livres dos seus defeitos.

-Não conheci um homem que tenha agido sempre de acordo com os seus princípios.

-Não faço aos outros o que não quero que me façam a mim.

-A única coisa a que aspiro e desejo é não cair na necessidade de me vangloriar das minhas virtudes e da minha inteligência, e não proclamar as minhas boas obras.

-Eu ainda não encontrei nenhum homem santo; no máximo, só consegui conhecer um homem sábio. Eu não entendo como pode haver homens que agem sem saber o que estão fazendo.

-Quando um homem está perto da morte, as suas palavras são sinceras e verdadeiras.

-Quando ainda não se alcançou a perfeição ao serviço dos homens, como é possível que seja digno de servir os Espíritos?

-O que é a morte? Se ainda não sabemos o que é a vida, como pode perturbar-nos conhecer a essência da morte?

-O bom homem é medido ao falar. O homem nobre é aquele que nunca sente arrependimento ou medo. Só aquele que, quando ele examina a si mesmo dentro, não encontra nada de mal, pode ser livre de toda a tristeza e todo o medo.

-Buscai primeiro a retidão de nossas palavras, e depois ajustai nossa conduta a elas. Trabalhar sempre de acordo com a justiça, para nos aperfeiçoarmos todos os dias na sua realização. As ansiedades internas vêm de querer a vida daqueles que você ama, enquanto você quer a morte daqueles que você pode, porque é como querer a vida e a morte de alguém ao mesmo tempo. O homem perfeito não coloca a sua maior aspiração em riquezas.

-Se todos os habitantes de nossa aldeia têm afeição por um homem, o que devemos pensar dele? Isto não é suficiente para julgar o homem.

-O homem vulgar é vaidoso e orgulhoso, mesmo quando sua posição não está elevada. O homem que é constante, paciente, humilde e medido na fala está muito próximo da perfeição.

-A prudência aconselha a não ficar indignado quando os homens nos enganam, a não ficar triste quando são infiéis. O homem prudente prevê sempre estas eventualidades.

-Qual é a coisa mais importante para alcançar a

conduta correta? Seja sempre sincero e mantenha sempre a palavra dada. Certifique-se de que mesmo o menor gesto reflete a dignidade interior, e não cometa nenhuma ação surpreendente. Se o fizeres, a tua conduta será admirada em todo o lado, mesmo entre os povos bárbaros. Pelo contrário, se não fordes sinceros, se quebrardes as vossas promessas, se os vossos gestos não forem dignos ou as vossas acções forem desonrosas, a vossa conduta será desprezada tanto numa cidade de 10.000 famílias como numa aldeia de 35 vizinhos.

-O homem que não medita e age com pressa não poderá evitar grandes fracassos.

-Não encontrei ninguém que ame as virtudes com a mesma intensidade com que se ama a beleza corporal.

-O homem que não examina todos os dias em si mesmo o que deve fazer, o que deve imitar, o que deve aconselhar e o que deve censurar, nada de bom fará em sua vida.

-Quando muitas pessoas estão reunidas durante um dia inteiro, nem tudo o que é dito é justo e equitativo. É muito frequente falar de coisas vulgares e que as conversas tolas abundam.

-O nobre não dá crédito às palavras pela autoridade daquele que as pronuncia; nem rejeita a verdade, mesmo que ela venha de uma pessoa ignorante.

-A frivolidade e a impaciência destroem os propósitos mais elevados.

-*Quando a multidão despreza alguém, você deve examinar objetivamente sua conduta antes de dar sua opinião. Também quando a multidão aclama alguém, as suas obras devem ser contempladas com imparcialidade antes de serem aprovadas.*

-*O homem pode exaltar as excelências da virtude, mas a virtude não pode trazer prosperidade e fama ao homem.*

-*Uma única palavra correta do nobre é suficiente para ser considerada compreendida sobre uma coisa, mas também é suficiente que ele cometa um único erro para dizer que não sabe nada. Portanto, o nobre deve observar as suas palavras com muito cuidado.*

-*Fazer tudo isso para o bem comum, não é esta a melhor forma de generosidade? Para desejar apenas as riquezas necessárias à prática das virtudes próprias da sua dignidade, não se pode chamar a isto "cobiça"? Se as suas propriedades particulares não são nem demasiado grandes nem demasiado pequenas, se trata de assuntos que não são nem demasiado importantes nem demasiado insignificantes, se mantém uma certa distância dos homens sem desprezar ninguém, não é esta dignidade livre de orgulho? Se ela cuida de sua aparência exterior, se ela é equilibrada e equânime em todos os seus atos, todo o povo irá respeitá-la sem experimentar medo, não é esta autoridade livre do despotismo? Se eles só usam o trabalho de seus sujeitos para fazer o que é razoavelmente necessário, quem pode experimentar ressentimento?*

-Quando o céu nos envia calamidades, podemos vencê-las; quando as buscamos nós mesmos, sucumbimos a elas.

-Nada é mais admirável num homem nobre do que saber aceitar e imitar as virtudes dos outros.

-Se um medicamento não altera o organismo do doente, também não produzirá uma cura.

-É necessário que os homens conheçam o mal para evitá-lo e se dediquem à prática do bem.

-As palavras em si mesmas são inofensivas, mas as suas consequências podem ser desastrosas se forem depreciativas.

-Quem ama os homens é amado por eles; quem os respeita é, por sua vez, respeitado. Suponhamos que, se somos prudentes, a primeira coisa que devemos nos perguntar é se já cometemos alguma falta de cortesia para com essa pessoa ou se fomos injustos para com ela; sua atitude para conosco deve ter algum fundamento. Se chegarmos à conclusão de que não fizemos nenhuma injustiça a tal pessoa, mas sempre nos mostramos a ele gentis e corteses, devemos continuar a analisar as possíveis causas da atitude indelicada ou rude. Se formos prudentes, devemos refletir se cometemos a menor má conduta. Assumindo que também não cometemos nenhum delito, então a descortesia ou rudeza da pessoa ofendida é totalmente infundada, e o homem prudente, diante de tal situação, deve concluir: "Este homem não é mais do que um extravagante e um tolo; não é nada diferente de uma besta; neste caso, por que me importaria com a atitude ou os atos de uma *besta?".*

-Desfrutar de prestígio e consideração é uma das ambições mais ardentes dos homens.
-Nunca ouvi falar de um homem que não agisse com retidão e conseguisse endireitar os outros. Menos ainda poderia tornar os outros sinceros se observasse um comportamento hipócrita.

-A natureza humana não é boa nem má. Segundo isto, a bondade ou malícia dos homens é algo posterior à própria natureza humana na sua origem. Se o homem possui a capacidade de agir, é necessário que ele também possua uma norma para dirigir seus atos.

-Se o bem supremo do homem consistisse em preservar a vida, nada mais faria do que dedicar-se a descobrir e praticar tudo o que pudesse prolongá-la. Se o mal mais temível do homem fosse a morte, ele investigaria e praticaria tudo o que pudesse mantê-lo afastado ou prevenir este mal. Há coisas que amamos mais do que a vida, assim como há coisas mais temíveis do que a morte; este é um sentimento comum a todos os homens.

-O caminho reto é como uma avenida larga; não é difícil de encontrar quando se busca, mas os homens não se esforçam para descobri-lo.

-A origem de todas as ações é encontrada dentro do nosso ser. Se, refletindo sobre nossos próprios atos, descobrirmos que eles estão em conformidade com nossa natureza racional, experimentaremos a mais intensa satisfação.

-Quem se abstém daquilo de que não se abstém é melhor abster-se de tudo; quem trata com frieza os que devem tratar com ternura acabará por tratar o mundo inteiro com frieza; os que avançam apressadamente também se retirarão com a mesma precipitação.

-Não presto a mínima atenção aos murmúrios e críticas dos homens.

-Aqueles que são impetuosos, mas não sinceros; aqueles que são ignorantes, e também imprudentes; aqueles que são ingênuos, mas não confiáveis, estão além da minha compreensão.

-Preso pela pobreza, um homem corajoso pode rebelar-se. Se o levares longe demais, um homem sem moral também se pode rebelar.

-O meu zelo é tão forte como o dos outros, mas ainda não consegui viver nobremente.

-A bondade é inatingível? Desde que anseiem pela bondade, ela estará à mão.

-Não posso esperar encontrar um homem perfeito. Ficaria satisfeito se pudesse simplesmente encontrar um homem de princípios. É difícil ter princípios quando o Nada finge ser Algo, o Vazio finge ser Plenitude e a Penúria finge ser Opulência.

-Não cultivar a força moral, não explorar o que aprendi, a incapacidade de seguir o que sei que está certo, e reformar o que não é bom, essas são todas as minhas preocupações.

-Os sábios encontram alegria na água, os gentis encontram alegria nas montanhas. Os sábios são activos, os gentis são gentis. Os sábios são alegres, os do tipo vivem muito tempo.

-Um cavalheiro pode ser mal informado, mas não pode ser seduzido: pode ser enganado, mas não pode ser enganado.

-Há muito tempo eu tinha um amigo que praticava o seguinte: competente, mas disposto a escutar o incompetente; talentoso, mas disposto a escutar os que não o tinham; possuindo-o, parecia não tê-lo; aceitava insultos sem se ofender.

-O homem bom torna mais fácil para os outros o que deseja obter para si mesmo. A receita para a bondade é simplesmente a capacidade de tomar as próprias aspirações como um guia.

-As provações de um homem bom dão fruto; isto é bondade, sem dúvida.

-Uma língua ágil cria muitos inimigos.

-A madeira podre não pode ser esculpida; as paredes cheias de estrume não podem ser alisadas.

-Nunca conheci ninguém que fosse realmente constante.

-Ser rigoroso consigo mesmo e contido com os outros é aceitável. Ser contido consigo mesmo e contido com os outros seria demasiado frouxo.

-Um homem sobrevive por causa da sua

integridade. Se ele sobreviver sem ele, é pura sorte.

-*Conhecer algo não é tão bom quanto amá-lo; amar algo não é tão bom quanto desfrutar dele.*

-*Um cavalheiro é tolerante e livre; um homem comum é sempre cheio de ansiedade e medo.*

-*Para amar toda a gente.*

-*Conhecer toda a gente.*

-*Levantar as pessoas honestas e colocá-las acima do desonesto, para que possam corrigi-las.*

-*Coloque lealdade e fé acima de tudo e siga a justiça. É assim que se acumula a força moral. Quando você ama alguém, você quer que ele viva; quando você odeia alguém, você quer que ele morra. Agora, querer viver e morrer ao mesmo tempo é um exemplo de incoerência.*

-*Quem, apesar de estar rodeado de calúnias e surdo de críticas, permanece calmo, pode ser chamado de perceptivo. Na verdade, ele pode ser chamado de clarividente.*

-*Aquele que pratica a humanidade é relutante em falar.*

-*Nunca tive dificuldade em servir os meus superiores fora de casa e os meus anciãos em casa, nem em enterrar os mortos com a devida reverência ou em moderar-me no vinho.*

-*Como é que as palavras de admoestação não*

nos fazem sentir? A principal coisa, no entanto, deveria ser corrigir nosso comportamento. Como as palavras de louvor poderiam parar de nos agradar? No entanto, o mais importante deveria ser compreender o seu objectivo. Alguns mostram prazer, mas não compreendem, ou acenam com a cabeça, sem mudar de rumo. Não sei mesmo o que fazer com eles.

-Os sábios não sofrem perplexidade, os virtuosos não têm preocupações, os corajosos não têm medo.

-Um homem virtuoso sempre dá bons conselhos; um homem que dá bons conselhos nem sempre é virtuoso. Um homem bom é sempre corajoso; um homem corajoso nem sempre é bom.

-Exigem muito de vocês mesmos, pouco dos outros, e evitarão a insatisfação.

-Não sei bem o que fazer com aqueles que não se perguntam: O que devo fazer antes de agir?

-Uma promessa feita de ânimo leve é difícil de cumprir.

-Seja educado na vida privada; reverente na vida pública; leal nas relações pessoais. Mesmo entre os bárbaros, não se afastem dessa atitude.

-Se eu não conseguir encontrar pessoas que observem convenções para se associar com elas, ficarei satisfeito com os loucos e os puros. Os loucos ousam fazer qualquer coisa, enquanto há coisas que os puros nunca farão.

-Um cavalheiro procura harmonia, mas não conformismo. Um homem comum procura o conformismo, mas não a harmonia.

-É fácil trabalhar para um cavalheiro, mas não é fácil agradá-lo. Se você tentar agradá-lo com atos imorais, ele não ficará satisfeito; mas ele nunca pede nada que esteja além de sua capacidade. Não é fácil trabalhar para um homem comum, mas é fácil agradar-lhe. Ele tenta agradá-lo, mesmo com um curso imoral, e ele vai ficar satisfeito, mas suas demandas não conhecem limites.

-Um cavalheiro ressente-se sempre da sua incompetência, não do seu anonimato.

-Um cavalheiro se preocupa com a possibilidade de desaparecer deste mundo sem ter feito um nome para si mesmo.

-Um cavalheiro exige-se a si mesmo; um homem comum exige outros.

-Um cavalheiro não aprova uma pessoa para expressar uma determinada opinião, nem rejeita uma opinião para ser expressa por uma determinada pessoa.

-Um cavalheiro mostra autoridade, mas não arrogância. Um homem comum mostra arrogância, mas não autoridade.

-A firmeza, a resolução, a simplicidade e o silêncio aproximam-nos da humanidade.

-Aquele que mostra cordialidade e exige atenção merece ser chamado de cavaleiro. Exigindo atenção aos amigos e cordialidade aos irmãos.

-Um cavalheiro é governado por três princípios que eu não posso seguir: sua humanidade não conhece ansiedade; sua sabedoria não tem dúvidas; sua coragem não conhece medo.

-Não é o teu anonimato que te deve perturbar, mas a tua incompetência.

-Uma conversa superficial arruína a virtude. Pequena impaciência arruína grandes planos.

-Quando um homem é rejeitado por todos, deve-se investigar. Quando todos gostam de alguém, deve-se investigar.

-Sem dúvida que é um erro não corrigir um erro.

-Não prever o engano ou suspeitar de má fé, mas ser capaz de os detectar imediatamente, isso é certamente sagacidade.

-Fale com lealdade e boa fé, aja com dedicação e respeito, e mesmo entre os bárbaros sua conduta será irrepreensível. Se você falar sem lealdade e boa fé, se agir sem dedicação e respeito, sua conduta será inaceitável, mesmo em sua própria cidade natal. Onde quer que você esteja, você deve sempre ter em mente este preceito; faça-o gravado no jugo da sua carruagem, e só então você será capaz de avançar.

-Um homem justo, um homem que pratica a

humanidade, não procura a vida à custa da sua humanidade; pelo contrário, haverá ocasiões em que dará a sua vida para realizar a sua humanidade.

-Um artesão que deseja fazer um bom trabalho deve primeiro afiar suas ferramentas. Em qualquer país que você se estabelecer, ofereça seus serviços aos ministros mais virtuosos e faça amizade com os cavaleiros que cultivam a humanidade.

-A humanidade é mais essencial para as pessoas do que a água e o fogo. Eu vi homens perderem suas vidas ao se renderem à água ou ao fogo; nunca vi ninguém perder suas vidas ao se renderem à humanidade".

-Um cavalheiro tem princípios, mas não é rígido.

-Três tipos de amigos são benéficos; três tipos de amigos são prejudiciais. A amizade com pessoas honestas, confiáveis e cultas é benéfica. A amizade com pessoas tortas, lisonjeiras e falsas é prejudicial.

-Ao esperar por um cavalheiro, três erros devem ser evitados. É imprudente falar antes de ser convidado a fazê-lo. É demasiada reserva não falar quando estás convidado para isso. É cegueira falar sem observar a expressão do cavalheiro.

-Um cavalheiro presta atenção em nove circunstâncias:

- Quando ele olha, para ver claramente.
- Quando ele ouve, para ouvir sem confusão.
- Na sua expressão, para ser amigável.
- Na sua atitude, para ser respeitoso.

- *Nas suas palavras, para ser leal.*
- *Nas suas funções, para ser responsável.*
- *Quando em dúvida, questionar.*
- *Quando ele está zangado, para reflectir sobre as consequências.*
- *Quando você receber um benefício, considere se é justo.*

-*Qualquer um que possa expandir as cinco práticas ao redor do mundo aumentará a humanidade. - E o que é isto? -Cortesia, tolerância, boa fé, diligência e generosidade. A cortesia evita insultos; a tolerância conquista todos os corações; a boa fé inspira confiança nos outros; a diligência garante o sucesso; a generosidade confere autoridade sobre os outros.*

-*Um covarde que lança olhares ferozes é — para colocá-lo cruelmente — como um ladrão que sobe uma parede.*

-*Aqueles que fazem da virtude a sua profissão são a ruína dela.*

-*Os vendedores ambulantes de boatos são pessoas que abandonaram a virtude.*

-*As pessoas de antigamente tinham três falhas, que hoje nem sequer podem igualar. A excentricidade dos antigos era despreocupada, enquanto a excentricidade de hoje é licenciosa. O orgulho dos antigos era arrogante, enquanto o orgulho contemporâneo é mal-humorado. A ingenuidade dos antigos era reta, enquanto a ingenuidade de hoje é uma impostura.*

-Conversa superficial e formas afetadas raramente são sinais de bondade.

-Um cavalheiro coloca a justiça acima de tudo. Um cavaleiro corajoso, mas não justo, pode tornar-se rebelde; um homem do vulgo, que é corajoso, mas não justo, pode tornar-se um bandido.

-Ele odeia aqueles que param nas faltas dos outros. Ele odeia subordinados que caluniam os seus superiores. Ele odeia aqueles cuja coragem não é moderada por meios civilizados. Ele odeia o impulsivo e obstinado.

-Odeio aqueles que plagiam fingindo ser cultos. Odeio os arrogantes que fingem ser corajosos. Odeio maledicentes que fingem ser francos.

-Quando ele enfrenta o perigo, um cavalheiro está preparado para dar sua vida; a perspectiva do lucro não o faz esquecer o que é certo; quando ele celebra sacrifícios, ele o faz com piedade; quando ele chora, ele expressa sua tristeza. Que mais alguém poderia desejar?

-Um cavalheiro respeita o sábio e tolera o medíocre; elogia o bom e tem compaixão pelo incapaz. Se eu tivesse grande sabedoria, quem não toleraria? Se eu não tiver grande sabedoria, as pessoas me evitarão; como, pois, poderia eu evitá-las?

-Onze disciplinas menores têm seus méritos; mas aquele que tem diante de si uma longa viagem teme os pântanos, e por isso é que um cavalheiro não segue os caminhos menos freqüentados.

-Um cavalheiro produz três tipos de impressões: se olharmos para ele de longe, ele parece severo. Se te aproximares dele, ele é amigável. Se ouvires o que ele diz, ele é incisivo.

-Os princípios essenciais não devem ser transgredidos. Os princípios secundários permitem algum compromisso.

-O erro de um cavalheiro é como um eclipse solar ou lunar. Ele comete um erro, e todo mundo o adverte, ele corrige seu erro, e todos admiram-no.

CAPÍTULO 5

Confúcio para leis e justiça confusas

"Saber o que é certo e não praticar é covardia".

Confúcio, embora tenha proposto mudanças substanciais nos elementos éticos e educativos da superestrutura social, não aprofundou o sistema jurídico na mesma medida. Aparentemente, ele não confiava nem acreditava no cumprimento das leis, embora houvesse muitos deles e eles eram regulados e julgados o que precisava ser punido e o que não era. Qualquer mudança nesse sentido considerava que não abordava o problema básico, o embrião de sua doutrina de formar homens ilustres, tanto os das castas mais baixas como os das mais altas, para que cada um cumprindo sua função na sociedade pudesse ser justo e todos os cidadãos pudessem desfrutar dos direitos básicos de um homem em um mundo que se considerava civilizado.

Naturalmente, se os governantes são homens intelectualmente educados, os cidadãos mais capazes, ilustres e honestos que lideram cidadãos que também estão cheios de virtudes, sua conduta deve ser adequada e o sistema jurídico deve ocupar um plano secundário, usado apenas em circunstâncias raras ou excepcionais. Portanto, o universo confucionista e a doutrina deste e de seus discípulos não abordaram este importante aspecto da superestrutura social com ênfase suficiente.

É provável, entretanto, que quando Confúcio serviu como Ministro do Interior ou de "Crime", como poderia ser chamado naquela época, ele precisasse de uma série de normas ou preceitos legais que lhe pudessem ser úteis para transmitir justiça e governar naquelas circunstâncias, onde praticamente tudo estava regulamentado, inclusive do lado da rua que mulheres e homens devem tomar, com sanções muito severas para seus não cumpridores.

Que Confúcio foi bem sucedido em seu trabalho e na aplicação das normas jurídicas estabelecidas, pode ser verificado pelo fato da notável diminuição das atividades criminosas, especialmente o crime, durante seu mandato, embora tenha excedido tanto que quis normalizar até se colocar em todas as ocasiões e até mesmo dentro da casa, pelo menos é o que dizem os historiadores. Mas algo repreensível deve ter acontecido em seu excesso de zelo, porque no final os governantes preferiram que as coisas continuassem como antes, com crimes, problemas de conduta e que as pessoas quebrassem as regras dos lados da rua e que andassem em sua casa vestidas como quisessem, ou com roupas mais confortáveis, ou aquelas que ele interpretou como mais confortáveis.

Enquanto Confúcio foi procurado outro emprego, talvez com maior ou menor responsabilidade, mas menos atividade executória, especialmente quando se tratava de proferir sentenças, por isso ele estava contente, como em outras ocasiões, para propor ou ditar regras para aqueles que detinham o comando e queria ou não queria aplicá-las.
Aqui está Confúcio e algumas de suas "*máximas*" ou "*mínimas*" sobre lei e justiça.

-Onde há justiça não há pobreza.

-Ter autocontrole suficiente para julgar os outros por comparação com nós mesmos, e agir em relação a eles como gostaríamos que fizessem conosco, isso é o que pode ser chamado de doutrina da humanidade; não há nada além disso.

-Saber o que é certo e não praticá-lo é covardia.

-Se aquele que governa não é justo, mesmo que ordene que se faça justiça, não será obedecido.

-Somente aquele que não reparar a falha que cometeu é verdadeiramente culpado.

-O nobre antes de nada no mundo adota uma atitude fechada a favor ou contra. Ele adere apenas ao que está certo. Ele é para todos e é imparcial. Diante do que ele não entende, ele suspende seu julgamento. Caracteriza-se pela firmeza de caráter, mas não pela obstinação. É tratável, mas sem intimidade. É seguro de si mesmo, mas não teimoso.

-Melhor do que o homem que sabe o que é justo é o homem que ama o que é justo.

-É um homem que, impondo-se a si mesmo, se submete ao "li" (costumes), à lei das convenções sociais.

-As punições devem ser impostas quando apropriado. A fidelidade não é contrária a uma simples correcção.

-Tudo o que fizeres pertence-te; só tenho de

responder pelas minhas próprias acções.

-O homem superior não discute nem luta com ninguém. Ele só argumenta quando é necessário esclarecer algo, mas mesmo assim ele dá o primeiro lugar ao seu antagonista derrotado e sobe à sala com ele; uma vez terminada a discussão, ele bebe com seu oponente como um sinal de paz. Estas são as únicas discussões do homem superior.

-Se o príncipe for justo, ninguém será injusto; se o príncipe for bondoso, ninguém será cruel.

-Se te zangares, pensa nas consequências.

-Adorar deuses que não são seus é servilismo. Não agir quando a justiça exige que seja cobardia.

-Nos assuntos do mundo, um cavalheiro não tem uma posição predeterminada: ele adota a posição que é justa.

-Muito mais excelente é a virtude de quem permanece fiel à prática do bem, mesmo se o país carece de leis e sofre de má administração. Talvez outros o façam desde o início; que sou eu, só o faço depois de dez tentativas. Talvez outros consigam depois de dez tentativas; eu consigo depois de mil.

-Perdoa tudo o que nada se perdoa.

-Se uma galinha é morta, porquê usar uma faca, que é usada para matar bois?

-O nobre na prática deixa-se guiar pelos "li" (costumes).

-Podes tirar o exército de um general, mas não a vontade de um homem.

-Não seria mais eficaz fazer julgamentos desnecessários? Não seria mais proveitoso direcionar nossos esforços para a eliminação das inclinações perversas dos homens?

-Todos os seres participam da vida universal, e não se prejudicam uns aos outros. Todas as leis dos corpos celestes e as que regulam as estações do ano são cumpridas simultaneamente, sem interferirem umas com as outras. As forças da natureza se manifestam tanto pelo deslizamento de uma corrente fraca como pelo emprego de enormes energias capazes de transformar todos os seres, e esta é precisamente a grandeza do céu e da terra.

-Os defeitos e faltas dos homens dão a conhecer o seu verdadeiro valor. Se examinarmos atentamente as faltas de um homem, saberemos se a sua bondade é sincera ou falsa.

-Aqueles que controlam suas ações em todos os momentos raramente se desviam do caminho certo.

-Quando eu comecei a lidar com os homens, escutei suas palavras e estava confiante de que suas ações se conformariam com elas. Agora, ao lidar com os homens, ouço as suas palavras e, ao mesmo tempo, observo as suas acções.

-Se aquele que governa não é justo, mesmo que ordene que se faça justiça, não será obedecido.

-As punições devem ser impostas quando apropriado. A fidelidade não é contrária a uma simples correcção.

-Sejam rígidos com vocês mesmos, mas condescendentes com os outros. Desta forma, você estará livre de toda inveja e ressentimento.

-Se o lucro ou o lucro tiver precedência sobre a justiça, os sujeitos nunca serão satisfeitos, e o príncipe estará em constante perigo.

-Quem nunca sentiu compaixão pelos outros não é verdadeiramente um homem, nem pode ser visto como um verdadeiro homem que nunca experimentou sentimentos de vergonha e aversão; quem não possui sentimentos de abnegação e respeito não pode ser considerado como um homem verdadeiro; quem não distingue o verdadeiro do falso, justo e injusto não é um homem.

-Neste mundo só podem ser seguidos dois caminhos: o do bem ou do mal; não há outra possibilidade.

-As regras de conduta são imutáveis, todos os santos agiram de acordo com seus princípios.

-Quando o príncipe começa a impor punições aos seus oficiais, sem ter cometido nenhum crime, os ministros sábios apressam-se a deixar o Reino.

-O homem não pode deixar de se arrepender das suas faltas. Se uma vez se arrepender de não se ter arrependido das suas faltas, não terá mais motivos para se arrepender.

-O povo desconfia das leis e da administração; o povo ama bons exemplos e bons conselhos. Com leis justas e uma administração eficiente, a renda do Reino aumenta; com bons ensinamentos e bons exemplos, o coração dos sujeitos é conquistado.

-Matar um parente próximo de outro homem é o crime que causa as consequências mais terríveis.

-A melhor maneira de alcançar as virtudes da justiça e da equidade é dominar as paixões. Aqueles que se deixam dominar pelas paixões têm muita dificuldade em trabalhar com justiça e equidade.

-O homem da verdadeira distinção é simples, honesto e amante da justiça e do dever.

-Mostra-te no estado em que a lei está cumprida; retira-te para a escuridão quando a lei é desprezada.

-Quando descobrires os factos de um crime, não te alegres, mas considera-o com piedade e tristeza.

-Poderia proferir sentenças, assim como qualquer outra pessoa, mas prefiro fazer acusações desnecessárias.

-Infelizmente, nunca vi um homem capaz de ver seus próprios defeitos e expô-los à corte de seu coração.

-É no frio do inverno que você pode ver como os pinheiros e ciprestes são verdes.

-Quando castigos e tristezas estão errados, as pessoas não sabem onde estão.

-Se o seu melhor cultivar a justiça, o povo não se atreverá a desobedecer. Se o seu melhor cultivar a boa fé, o povo não se atreverá a ser um mentiroso. Para um país assim, as pessoas vinham de todo o lado com os seus bebés embrulhados nas costas.

-Quando homens bons governam o país há cem anos, a crueldade pode ser superada e o crime extirpado.

-E com o que vais devolver a bondade? É melhor fazer justiça pelo ódio e bondade pela bondade.

-As autoridades perderam o Caminho; as pessoas ficaram sem um guia durante muito tempo. Sempre que resolveres um caso, fá-lo com compaixão e não com sentido de vitória.

CAPÍTULO 6

Confúcio para os corruptos confusos

Se és corrupto e queres deixar de ser corrupto, lê Confúcio.

Se você é corrupto e não quer deixar de ser corrupto, leia a Confúcio para que saiba ao menos que a verdadeira felicidade não é alcançada com a riqueza material, mas com os valores espirituais do homem.

Anos atrás, quando eu era jovem, então há muito tempo, bem, exatamente no início dos anos 70 do século passado, eu tive a oportunidade de ver um filme italiano sobre Cipião, o Africano, mas não em suas batalhas contra Aníbal e Cartago, mas em sua luta desesperada para permanecer honesto e honesto em Roma Clássica, até que ele não poderia mais se declarar, sem ser assim, corrupto e autor do roubo de centenas de talentos de ouro da Síria, então, a partir desse momento, ele foi mais uma vez reverenciado e aclamado por todos os cidadãos de Roma.

O filme em si foi uma comédia satírica na época de ouro do cinema italiano e estrelado pelo melhor do momento: Marcelo Mastroianni, Vittorio Gassman e Silvana Mangano, entre outros. Não estamos a falar de um grande filme, mas de um filme de média qualidade, mas com uma mensagem clara relacionada com a corrupção no país, tomando como quadro a Roma antiga.

Nada mudou desde então, mesmo num quadro global. Vivemos em tempos de corrupção, ou pelo menos é o que parece. Se ligarmos a televisão, a rádio, o computador, ou mesmo o telemóvel, ou mais simples ainda, se lermos a imprensa e ouvirmos os critérios e as conversas dos outros, a frase e o tema que mais se destaca é o da corrupção. É como uma infecção ou uma epidemia que afecta todo o mundo e para a qual não foi inventada nenhuma vacina ou descoberto nenhum remédio eficaz.

As pessoas que aparentemente têm uma moral impecável, assim que têm acesso aos recursos materiais, tornam-se corruptas e excessivas, desviam e apropriam-se deles para seu próprio benefício ou para o benefício dos seus entes queridos. Outros que lutam contra a corrupção, desde o bem até ao primeiro descobrem que são corruptos. Nenhum estrato social está isento da sua prática, da nobreza, do clero, dos políticos, dos capitalistas, dos economistas, dos juristas, dos homens de ciência, das cartas, das artes e, em geral, de todos os que têm acesso aos recursos, públicos ou não. Todos os dias são publicados novos casos, mais aqueles que fogem à justiça e não são descobertos, que de acordo com o número daqueles que vêm à luz, devem ser muitos.

O corrupto, por outro lado, é um homem forjado na luta pela sobrevivência entre outros corruptos, onde reina a mentira, a fraude, a traição e talvez até o crime e onde todos os recursos são válidos, não se pode sequer dizer que é a lei da selva na sociedade, porque permanece pequena, diminuída por tanta baixeza.

Por muito duras que sejam as leis, elas não podem travar esta doença, não existem antibióticos legais para ela. Mesmo em países com sistemas jurídicos que prevêem a aplicação de leis de extrema dureza, este mal prolifera. Os maiores pensadores da história da humanidade manifestaram-se contra ela, mas porque é que não são ouvidos, ou é que aqueles que têm de o fazer também estão manchados pela corrupção, ou não podem, ou vivem com a doença.

No entanto, temos de perseverar, e entre todos os grandes pensadores que falaram sobre o tema da corrupção merece especial atenção uma pessoa que viveu há mais de 2 500 anos na China e cujos princípios, regras e doutrinas são plenamente válidos, como podemos ver mais adiante. Deixo-vos então, com Confúcio, no que se pode chamar "*Confúcio per Corruptos Confusos*".

-*Algum dinheiro evita preocupações: atrai-os muito.*

-*Quem tem tudo o que é suficiente, tem sempre o suficiente.*

-*Num país bem governado, a pobreza é algo de que nos devemos envergonhar. Num país mal governado, a riqueza é algo de que nos devemos envergonhar.*

-*O bom líder sabe o que é verdade; o mau líder sabe o que vende melhor.*

-*Não te queixes da neve no telhado do teu vizinho, quando também cobre o limiar da tua casa.*

-Nem todos os homens podem ser grandes, mas podem ser bons.

-Nunca faças apostas. Se você sabe que tem que vencer o outro, você é um trapaceiro... E se você não sabe que você é um tolo.

-Se o príncipe usa rendas públicas para aumentar a sua riqueza pessoal, o povo imitará este exemplo e dará rédea solta às suas inclinações mais perversas; se, pelo contrário, o príncipe usa rendas públicas para o bem do povo, será mostrado submisso e será mantido em ordem.

-Há apenas uma maneira de aumentar as receitas públicas de um reino: que muitos produzam e poucos se dissipem, que muito trabalho seja feito e que seja gasto com moderação. Se todas as pessoas o fizerem, os lucros serão sempre suficientes.

-A pompa e a ostentação são de pouca utilidade para a conversão dos povos.

-Os homens aspiram a riquezas e honras, mas se não for possível obtê-las por meios honestos e retos, devem renunciar a esses bens.

-Os homens fogem da pobreza e dos insultos, mas se não podem ser evitados por meios honestos e justos, estes males devem ser aceites.

-Um homem digno deve ajudar os necessitados, mas não aumentar os bens dos ricos.

-Aqueles que adquirem riqueza por meios

violentos e injustos também a perdem por meios violentos e injustos.

-Com arroz para comer, água para beber e meu braço dobrado pelo travesseiro posso ser feliz.

-O homem honesto tem vergonha que suas palavras excedam suas ações.

-Um homem feliz é um homem que se contenta com pouco.

-Sempre ouvi dizer que um cavalheiro ajuda os necessitados, não enriquece os ricos.

-A opulência pode levar à arrogância e a frugalidade à mesquinhez. É melhor ser mesquinho do que arrogante.

-A satisfação leva à felicidade, mesmo na pobreza. E a insatisfação leva à pobreza, mesmo na riqueza.

-A felicidade não é encontrada no topo da montanha, mas na maneira de escalá-la.

-É mais difícil ser pobre sem murmurar do que rico sem arrogância.

-Homens cruéis tentam disfarçar suas falhas com aparências de honestidade.

-Aqueles que são luxuosos em excesso e se entregam ao luxo facilmente se tornam orgulhosos.

-Eu estaria disposto a exercer qualquer cargo se

pudesse obter grande riqueza por meios honestos; se, pelo contrário, para enriquecer-me, tivesse que usar meios desonestos, preferiria permanecer na pobreza dedicando-me às minhas atividades favoritas.

-Quando a ordem reina num país, é uma vergonha ser um homem pobre e comum. Quando o caos reina num país, é uma vergonha ser rico e funcionário público.

-Se a riqueza fosse digna de cuidado, eu seria espancado, mas não sendo espancado, eu faço o que eu quero.

-Um homem digno deve ajudar os necessitados, mas não aumentar os bens dos ricos.

-Não dar importância ao principal, isto é, ao cultivo da inteligência e do caráter, e buscar apenas o acessório, isto é, a riqueza, só pode dar origem à perversão dos sentimentos do povo, que também valorizará apenas a riqueza e se entregará desenfreadamente ao roubo e à pilhagem.

-Se você está loucamente apaixonado por riquezas, você não deve fazer nada além de compartilhá-las com as pessoas.

-O cavalheiro aprecia a justiça; o homem comum aprecia o que o beneficia.

-Aquele que pensa apenas em acumular riquezas não pode ser bom; aquele que pensa apenas em praticar o bem não pode ser rico.

-A generosidade consiste em distribuir riqueza

entre os necessitados; a retidão consiste em buscar o caminho do bem aos errados; a bondade é a virtude que o imperador deve possuir para ganhar a afeição de todos os seus súditos.

-Se procurar riqueza fosse uma meta decente, ele a buscaria, mesmo que tivesse que trabalhar como porteiro. Mas sendo assim, prefiro seguir as minhas inclinações

-Quem, para permanecer fiel aos seus princípios, se recusar a ser elevado a uma condição honrosa, permanece feliz mesmo sem honras. Aquele que, para não se desviar do caminho certo, rejeita uma renda, permanece alegre em sua pobreza.

-É difícil ser pobre sem ressentimento; é fácil ser rico sem arrogância.

-Um cavalheiro aspira à benevolência, um homem comum aspira a bens materiais.

-Um estudioso que se preocupa com o seu bem-estar material não merece ser chamado de estudioso.

-As noites nem sempre atingem a plenitude da humanidade. Homens mesquinhos nunca o conseguem.

-Três tipos de prazeres são proveitosos; três tipos de prazeres são prejudiciais. É proveitoso o prazer de realizar ritos e música propriamente dita, o prazer de louvar as qualidades dos outros e o prazer de ter muitos amigos talentosos. É prejudicial o prazer de exibir luxo, o prazer de vaguear e o prazer de celebrar libidinous sprees.

-Um cavalheiro deve estar atento a três perigos. Quando ele é jovem e a energia do sangue é alterada, ele deve se proteger contra a luxúria. Em sua maturidade, quando a energia do sangue está em sua plenitude, ele deve se proteger contra a raiva. Na velhice, quando a energia do sangue se decompõe, deve ser protegida da rapacidade.

CAPÍTULO 7

Confúcio sobre a família

"Desejo que os idosos desfrutem de paz, os amigos de confiança e os jovens de afeto".

A família como célula principal da sociedade também foi valorizada por Confúcio, embora em qualquer caso ele tenha dado uma ordem hierárquica às relações filiais pai-filho, irmão mais velho-irmão mais velho-irmão mais novo-marido-mulher, valorizando-as como mais um dos aspectos éticos de como a sociedade deve ser para alcançar o bem-estar e a felicidade de todos em perfeito equilíbrio, dada a sua justa doutrina social onde cada uma das partes deve cumprir o seu papel, tanto aqueles que dirigem como aqueles que são dirigidos, embora a introdução de hierarquias nesta temática nevrálgica pode atualmente ser criticada com toda a justiça e argumentos do mundo, especialmente a relação homem mulher e em geral tudo o que de uma forma ou de outra deve abordar a paridade e não a subordinação.

Alguns exemplos, sem ir muito fundo no assunto, são os seguintes:

-Talentoso ou não, um filho é um filho.

-Raramente os homens reconhecem as faltas daqueles que amam, e também não estão acostumados a valorizar as virtudes daqueles que odeiam.

-Há cinco deveres fundamentais, comuns e três faculdades para praticá-los. Estas funções referem-se às seguintes cinco relações:

-As relações que devem existir entre o príncipe e seus súditos, entre o pai e seus filhos, entre marido e mulher, entre irmãos mais velhos e mais novos e entre amigos. O comportamento justo, nessas cinco relações, constitui o principal dever comum a todos os homens.

-A cortesia que deve presidir às nossas acções diárias baseia-se principalmente no respeito e na compreensão para com todos.

-Uma casa será forte e indestrutível quando for sustentada por estes quatro pilares: um pai corajoso, uma mãe prudente, um filho obediente, um irmão complacente.

-O respeito pelos pais e anciãos é o fundamento essencial da humanidade.

-O que é bondade? Amar todos os homens. Em que consiste a ciência? Conhecer homens. O nobre nunca expressa a sua opinião sobre coisas que não compreende. Ele busca a máxima precisão em suas palavras; isso é o mais importante.

-Aquele que, como criança, não respeitou seus irmãos ou seus pais, e na velhice não fez nada de bom, e na velhice não morreu, é um homem desprezível.

-Não se pode pensar em mal maior do que a perda do afeto mútuo e do afeto entre pais e filhos.

-O primeiro e mais importante dever da piedade filial é honrar devidamente os nossos pais. A melhor prova desse amor pelos pais é dar-lhes o sustento necessário.

-Para que a verdadeira amizade seja estabelecida, a superioridade da idade, das honras, das riquezas ou do poder deve ser dispensada. O único motivo que nos deve incitar à amizade é a busca das virtudes e da perfeição mútua.

-Por que, crianças, não aprendem canções? As canções servem para se elevar, para testemunhar o próprio valor, para aprender a sociabilidade, para aprender a odiar, para servir o pai em casa e o soberano fora de casa.

-Ao servir o pai e a mãe, o filho pode usar contra-argumentos suaves; se vê que não lhe prestam atenção, não deve insistir, mas aumentar a sua deferência; se o censuram, não deve mostrar ressentimento.

-Enquanto os nossos pais viverem, não devemos abandoná-los. Se é necessário viajar, deve ser feito em uma determinada direção para que não pareça que estão abandonados. A idade dos pais deve ser sempre lembrada: por um lado, para se alegrar; por outro, para se assustar.

-Em casa, um jovem mostrará as qualidades de um filho; fora de sua terra natal, as de um irmão mais novo.

-Devemos respeitar os jovens. Quem sabe se com

o tempo eles não se tornarão homens como os de hoje?

-O pai esconde o mal de seu filho, e o filho esconde o mal do pai. Em tal conduta, pode-se encontrar a justiça.

-Observe a inclinação da vontade de um homem enquanto seu pai vive, e suas ações após a morte de seu pai. Se durante três anos de luto ele não se desviar dos princípios de seu pai, ele pode ser declarado um filho verdadeiro.

-No lar, o jovem deve respeitar os pais; fora dele, deve respeitar os anciãos. Ele deve falar pouco, mas de boa fé; amar a todos, mas juntar o virtuoso. Tendo feito isto, se ele ainda tem energia, que seja cultivado.

-Pensa-se que são as crianças obedientes que alimentam os seus pais. Mas também alimentam os seus cães e cavalos. A menos que haja respeito, qual é a diferença?

-O que importa é a atitude. Se os jovens simplesmente prestam seus serviços quando há trabalho a ser feito ou deixam seus anciãos beber e comer quando há vinho e comida, isso poderia ser considerado piedade filial?

-Quando serves os teus pais, talvez tenhas de os dissuadir. Se você vê que eles não aceitam seus conselhos, seja respeitoso e não os contradiga. Não deixes que os teus esforços se transformem em amargura.

-Enquanto os teus pais viverem, não viajes para longe. Se tens de viajar, deixa uma morada.

-Se três anos após a morte de seu pai, o filho não alterou sua maneira de proceder, ele é certamente um bom filho.

-Tenha sempre em mente a idade dos seus pais. Deixe este pensamento ser tanto a sua alegria como a sua preocupação.

-Quando os cavalheiros tratam seus próprios parentes com generosidade, as pessoas comuns são atraídas para a bondade; quando os laços antigos não são esquecidos, as pessoas comuns não são inconstantes.

-Quero que os idosos desfrutem de paz, os amigos de confiança e os jovens de afeto.

-Um jovem que não respeita seus anciãos não chegará a nada quando crescer, e tentará até evitar a morte quando chegar à velhice; ele é um parasita.

-A razão para um cavalheiro prolongar o seu luto é simplesmente esta: como as delicadas iguarias lhe parecem não ter gosto, a música não lhe dá prazer e o conforto do seu lar torna-se desconfortável, ele prefere dispensar todos esses prazeres. Agora, se conseguires apreciá-los, vai em frente!

-O que a natureza une, o costume separa.

CAPÍTULO 8

Confúcio sobre o trabalho

"Mesmo as profissões mais humildes são dignas de respeito".

Confúcio era um trabalhador incansável, disso não há dúvida, mas quantos pensamentos dele poderiam ter chegado aos nossos dias, e sua concepção básica foi dada em que o trabalho é o criador de riqueza para a sociedade, e que ninguém merece nada se ele não a obteve como fruto do trabalho. Neste sentido, os pensamentos filosóficos marxistas coincidem com estas idéias quando se estabelece como doutrina básica do socialismo *"cada um de acordo com sua capacidade e cada um de acordo com seu trabalho"*.

Alguns pensamentos sobre este assunto são valorizados abaixo:

-Ninguém deve comer sem o ter merecido.

-As profissões mais humildes são dignas de respeito.

-Quando as guerras são travadas para conquistar novos territórios, os campos serão cobertos pelos corpos das vítimas.

-A perseverança no bom caminho e a prática constante das boas obras, quando atingem o seu prado máximo de perfeição, produzem ótimos resultados; do mesmo modo, o fiel cumprimento do dever dará origem a benefícios ilimitados, sendo a

sua causa forças de natureza sutil e imperceptível.

-O homem prudente é paroquial no discurso, mas ativo na ação.

-É necessário agir com retidão sem pensar nas consequências. Não devemos omitir o cumprimento de nossos deveres, nem cumpri-los antes do tempo.

-Em vez de se apressar porque você não tem escritório, apresse-se a pensar em como se preparar para um escritório.

-Dê com sua pessoa às pessoas um exemplo de virtude, dê com sua pessoa às pessoas um exemplo de diligência. -Nunca pare de agir assim.

-O funcionário que tem tempo livre, dedica ao estudo.

CAPÍTULO 9

Confúcio para pessoas viciadas e confusas

"Os vícios vêm como passageiros, visitam-nos como convidados e ficam como mestres".

Naturalmente, quem ditava leis rígidas de conduta não podia deixar de falar contra os vícios, e imaginamos que havia muitos naqueles dias. Então, em breves pensamentos, pronunciou-se condenando-as.

Aqui estão alguns julgamentos confucionistas.

-Os homens cruéis tentam esconder as suas faltas com aparências de honestidade.

-O meio mais eficaz de combater nossos vícios e inclinações malignas não é combater os vícios e inclinações malignas dos outros antes de termos eliminado os nossos.

-Os vícios vêm como passageiros, visitam-nos como convidados e ficam como mestres.

-Ele odeia aqueles que são vil e calunia aqueles que são superiores a eles; Ele odeia os valentes que não conhecem as regras da coexistência; Ele odeia os fanáticos ousados que são pessoas de mente estreita.

-Somente aquele que comete um ato desonroso e não se corrige pode ser qualificado como "vicioso".

-Quem divulga as ações perversas de seus semelhantes constrói sua própria ruína.

CAPÍTULO 10

Confúcio numa sociedade confusa

"O silêncio é o único amigo que nunca trai".

Há aspectos muito interessantes a destacar sobre a filosofia oriental relacionados com a forma de comportamento de seus cidadãos que mostra correspondência com o conteúdo dos textos confucionistas, por isso é possível que esta forma de ação seja um reflexo, ou uma aplicação deles à conduta civil, em essência, é valioso destacar o quão reservados e esparsos são, ou pelo menos esta é a sensação que temos ao observá-los, ou talvez possamos estar errados e não entender bem suas características e se eles agem da mesma forma ou muito parecida que nós.

Em essência, os princípios éticos confucionistas muitas vezes se referem à paridade em falar, expressar verdade, educação, etc., mas, acima de tudo, há um aforismo que praticamente concretiza este modo de conduta: o silêncio é o único amigo que nunca trai.

E se esta fosse a norma que rege a forma como nos comunicamos na nossa sociedade, inclusive através dos meios de comunicação e das redes sociais, isso seria especialmente saudável para as próprias pessoas e para esta interessante e actual forma de comunicação. Desde o início não vamos exemplificar como isto se concretiza na prática, mas vamos referir-nos a alguns aforismos onde este aspecto se manifesta e que nos podem ajudar a não nos comportarmos de forma confusa, onde e quando é necessário fazer tudo com extrema clareza, raciocinando cada uma das nossas palavras pela conotação que podem ter, pelo seu efeito social e sobre nós mesmos.

É comum encontrar pessoas, talvez mesmo sem má fé, que falam excessivamente e excessivamente sobre aspectos que não conhecem, ou nos quais não são muito conhecedoras, bem como gabar-se de factos e acontecimentos que não levaram a cabo, ou de que as suas forças e capacidades não estão em condições de levar a cabo. Seguir estas pessoas, prestar atenção ao que dizem ou imitá-las, pode trazer consigo graves problemas e mais de uma pessoa caiu nesta confusão com consequências nada, ou desagradáveis. Basta dar exemplos, vivemo-los todos os dias, mas sofremos com isso todos os dias.

Quando o que este tipo de indivíduos expressa é atendido e seus conselhos são emulados ou seguidos, os resultados são geralmente maus; e pior ainda se temos alguma influência sobre um coletivo humano, sejam eles parentes, amigos, subordinados, etc., porque pode acontecer que os levemos, ou os arrastemos, querendo ou não, a tomar decisões e modos de conduta inadequados, com os conhecidos erros associados e as medidas corretivas que a sociedade impõe posteriormente.

É por isso que Confúcio expressou:

-Quem fala excessivamente e sem sanidade raramente põe em prática o que diz. O nobre homem nunca teme que as suas palavras ultrapassem as suas acções.

-Um homem superior é aquele que primeiro põe

em prática suas idéias, e depois prega aos outros o que já faz.

-O nobre nunca expressa sua opinião sobre coisas que não entende. Ele busca a máxima precisão em suas palavras; isso é o mais importante.

-Se antes de começarmos a falar determinarmos e escolhermos as palavras de antemão, a nossa conversa não será hesitante ou ambígua.

-A única coisa a que aspiro e desejo é não cair na necessidade de me vangloriar das minhas virtudes e da minha inteligência, e não proclamar as minhas boas obras.

-Buscar primeiro a justiça de nossas palavras, e depois ajustar nossa conduta a elas.
O homem que é constante, paciente, humilde e medido na fala está muito próximo da perfeição.

Mais, acima de tudo, é preciso ter cuidado ao falar, porque..:

-Uma linguagem ágil cria muitos inimigos.

Mas se esses inimigos fossem procurados apenas pela pessoa que fala muito e sem fundamento, o problema poderia ser limitado e facilmente corrigido para o bem do orador e daqueles que ouvem, mas se ele tem a loquacidade e a maneira de convencer um grupo maciço de pessoas, mesmo se ele está errado em suas avaliações, então estamos diante de um problema real, não pessoal, mas social, com todas as repercussões que isso pode trazer, e, claro, nada de bom.

No entanto, para o veneno há antídotos, e para muitas doenças há também vacinas; e antes que este tipo de mal prolifere, Confúcio dá algumas boas recomendações:

-Não presto a mínima atenção aos murmúrios e críticas dos homens.
O autocontrole raramente leva alguém a cometer erros.

-Um homem superior é aquele que primeiro põe em prática suas idéias, e depois prega aos outros o que já faz.

-A verdade não pode afastar-se da natureza humana. Se o que consideramos verdade se afasta da natureza humana, então não pode ser verdade.

-Uma promessa feita de ânimo leve é difícil de cumprir.

-Odeia aqueles que se detêm nos defeitos dos outros

Pois a partir da experiência de Confúcio, o próprio sábio desenha:

-Quando eu comecei a lidar com os homens, escutei suas palavras e estava confiante de que suas ações se conformariam com elas. Agora, ao lidar com os homens, ouço as suas palavras e, ao mesmo tempo, observo as suas acções.

Mais se antes a forma mais habitual de cair nos erros anteriores era através da palavra falada num pequeno círculo de ouvintes, delimitado pelo alcance físico das ondas sonoras destes, agora o que se expressa é rapidamente multiplicado através dos meios de comunicação de massas, e mais do que isso através das redes, e dentro delas, e especificamente bem: as redes sociais.

As redes sociais são um excelente terreno fértil para a propagação daquilo que podemos classificar como bom, mas também como mau, e para que isso chegue àqueles que o devem ouvir e àqueles que não o devem fazer, sobretudo quando chega aos jovens, incluindo os jovens e adolescentes, que ainda não adquiriram a experiência necessária para avaliar com justiça o que é razoavelmente correcto, justo e adequado, o que não é, e um momento da vida em que há menos autocontrolo e em que se age de uma forma mais impulsiva.

É comum, por outro lado, que as pessoas, consciente ou inconscientemente, exponham sua vida privada ao domínio público detalhando o que fazem diariamente e, pior ainda, o que vão fazer ou planejar fazer, sem perceber que, mesmo que ajam bem, podem ferir as susceptibilidades de outras pessoas, e que algumas delas podem desejar ou realizar alguma ação por aquilo que pensavam que fariam, não vai bem, ou pelo menos pensar sobre isso.

Divulgar tudo tem seus problemas, mesmo nas altas esferas da política, onde bibliotecas de twitter, facebook e jornais, entre outros, disponibilizam para o público comportamentos ou estados de opinião que estão em contradição com o que a pessoa prega neste momento e também com seu comportamento atual, e tudo porque no passado ele tinha dito ou feito sob certos pontos de vista ou padrões existentes na sociedade naquele momento, e o que antes parecia bom agora não é apreciado da mesma forma, e isso acontece todos os dias.

A vida das pessoas e o trabalho da sociedade como um todo está em constante mudança, e o que estava correto ontem não está correto hoje, também amigos, colegas, etc. com quem compartilhamos nossas imagens sob a mesma lente, no futuro eles tomam certos caminhos que não estão de acordo com nosso modo de conduta e que regem a sociedade atual. Neste sentido, seria doloroso lamentar o que éramos e com quem partilhávamos os nossos momentos. Por esta razão, é aconselhável avaliar cuidadosamente o que divulgamos e o alcance que ele pode ter hoje e talvez num futuro próximo, embora prevendo que não é tão fácil, por isso estaremos sempre expostos a cometer erros.

E aqui falamos sem cair na intimidade, ou em actos ou imagens cometidos, porque a vida privada de cada pessoa é sua, não dos outros, e ao partilhá-la perdemos autoridade, liberdade e nível de decisão sobre ela; e uma das coisas mais belas na sociedade de hoje é poder contar com liberdade suficiente para planejar e executar nosso futuro, desde que seja governado por normas convencionais, princípios e valores morais estabelecidos, o que nos permite, como adultos, governar completamente nosso destino dentro do quadro da maior liberdade possível, sem obstáculos ou laços, e muito menos subordinado às opiniões e normas com as quais outras pessoas querem que o façamos, e, claro, dentro do quadro legal e institucional das leis e normas que regem a conduta dos cidadãos em um país livre e democrático.

Portanto, mais do que qualquer outra coisa, é aconselhável re-enfatizar o princípio básico de Confúcio que:

"O silêncio é o único amigo que nunca atraiçoa".

E, acima de tudo, pela informação sobre a nossa vida, que deve ser e é privada, porque responde à essência e à natureza de cada pessoa.

Finalmente, acrescentamos alguns princípios éticos confucionistas de utilidade prática coletados nestes aforismos:

-O homem comum é vaidoso e orgulhoso, mesmo quando sua posição não está elevada.

-O homem que é constante, paciente, humilde e medido - está muito perto da perfeição.

-Os vendedores ambulantes de boatos são pessoas que abandonaram a virtude de falar.

-Desde o homem mais nobre até o mais humilde, todos têm o dever de melhorar e corrigir seu próprio ser.

-Sem dúvida, é um erro não corrigir um erro.

-A maior culpa dos homens é preocupar-se em rasgar o joio dos campos dos outros, negligenciando o cultivo de seus próprios campos.

-É tão ruim ir além da medida quanto não alcançá-la.

-Possuir capacidades e talentos e aceitar a opinião daqueles que os carecem; ter muito e aceitar a opinião daqueles que não têm nada; ser rico e comportar-se como se fossem pobres; ser pleno e parecer vazio e desprovido de tudo; deixar-se ofender sem mostrar ressentimento; em outro tempo tive um amigo que se comportou assim na vida.

-Os infortúnios, como a fortuna, só vêm quando os procuramos com as nossas acções.

-Muito mais excelente é a virtude de quem permanece fiel à prática do bem, mesmo se o país carece de leis e sofre de má administração.

-Um cavalheiro não aprova uma pessoa para expressar uma determinada opinião, nem rejeita uma opinião para ser expressa por uma determinada pessoa.

-Aquele que deseja para os outros o que desejaria para si próprio, e não faz aos seus semelhantes o que não quer que eles lhe façam, possui a retidão de coração e cumpre o padrão de conduta moral que a própria natureza racional do homen lhe impón.

APÊNDICE

Alguns conceitos utilizados neste ensaio merecem ser brevemente definidos.

Analectos de Confúcio: O termo refere-se a um conjunto de fragmentos literários selecionados por um ou mais autores. No assunto que estamos estudando, eles constituem o texto mais verdadeiro das doutrinas confucionistas, uma série de declarações curtas e coerentes, diálogos e anedotas. Eles foram compilados pelas primeiras gerações seguintes de discípulos confucionistas. Não têm uma ordem ou homogeneidade pré-estabelecidas.

Confucionismo: Doutrina cujo propósito é encontrar harmonia entre o homem e a sociedade. Seus fundamentos podem ser encontrados nos chamados *"Quatro Livros Clássicos de Confúcio"* escritos mais tarde por seus discípulos e seguidores.

O dinastia Zhou: o dynasty de Zhou era o terceira do dynasty chinês antigo, abrangendo mais de sete séculos, de 1027 a 221 a.C. Este dynasia chave na cultura chinesa foi fundada pela família de Ji e seu capital estava em Hao (perto da cidade atual de Xian). Na historiografia ocidental, o período Zhou é frequentemente descrito como feudal devido ao carácter descentralizado do seu mandato, comparável ao sistema medieval da Europa. Quando a linhagem real entrou em colapso, o poder do Zhou gradualmente diminuiu: a fragmentação do Reino acelerou-se e, ao final, os imperadores reinaram oficialmente, mas o poder realmente residia nas mãos da nobreza poderosa. No final da Dinastia Zhou, os nobres nem sequer se preocuparam em agradecer simbolicamente à família Ji e declararam-se reis. Eles queriam ser os reis dos reis. Finalmente, a dinastia foi destruída pela unificação de Qin Shi Huang da China no ano 221 AC.

Ética: Um conjunto de regras morais que regem a conduta das pessoas em qualquer esfera da vida. Parte da filosofia que lida com o bem e o fundamento de seus valores. A ética é diferente da moral, porque a moral se baseia na obediência a normas, costumes e preceitos ou mandamentos culturais, hierárquicos ou religiosos, enquanto a ética procura apoiar o modo de viver pelo pensamento humano. Na filosofia, a ética não se limita à moralidade, geralmente entendida como costume ou hábito, mas busca o fundamento teórico para encontrar a melhor maneira de viver, a busca do melhor estilo de vida.

Forças Produtivas: termo marxista usado para designar todos os meios de produção e os homens que os utilizam para produzir bens materiais. Dentro dos meios de produção, os meios de trabalho constituem a base material e técnica da sociedade. As forças produtivas expressam a relação que existe entre o homem e os objetos e forças da natureza, o grau em que a natureza os domina, e assim definem o nível de desenvolvimento da humanidade em uma determinada época. As forças produtivas estão se desenvolvendo e se aperfeiçoando constantemente e rapidamente, o que também deve levar a mudanças nas relações de produção na sociedade que, se não forem realizadas, criam tensões e contradições profundas que precisam ser resolvidas.

Globalização: É um processo histórico de integração global nas esferas política, econômica, social, cultural e tecnológica, que transformou o mundo em um lugar cada vez mais interconectado, em uma aldeia global. Como tal, a globalização foi o resultado da consolidação do capitalismo, dos grandes avanços tecnológicos (revolução tecnológica) e da necessidade de expandir o fluxo do comércio mundial.

Moral: Relativo às ações das pessoas, do ponto de vista de suas ações em relação ao bem ou ao mal e em função de suas vidas individuais e, sobretudo, coletivas. Baseado na compreensão ou consciência, e não nos sentidos. Prova, certeza moral. Isso diz respeito ao foro interno ou ao respeito humano, e não à ordem jurídica. Doutrina da ação humana que procura regular o comportamento individual e coletivo em relação ao bem e ao mal e aos deveres que implicam. Conjunto de faculdades do Espírito, em oposição às físicas ou materiais. Estado de espírito, individual ou colectivo. Coragem para enfrentar algo. Em atividades que envolvam confronto ou esforço intenso, confiança no sucesso.

Personalidade: É a diferença individual que distingue uma pessoa da outra. Como tal, personalidade é o termo que descreve e permite dar uma explicação teórica do conjunto de peculiaridades possuídas por um indivíduo que o caracteriza e o diferencia dos demais. O conceito de personalidade vem do termo "pessoa".

Política: Arte, doutrina ou opinião sobre o governo dos Estados. Atividade daqueles que governam ou aspiram a governar assuntos públicos. Activade do cidadão quando intervém nos assuntos públicos com a sua opinião, com o seu voto ou de qualquer outra forma. Cortesia e bom comportamento. A arte ou o traçado com que um assunto é tratado ou os meios utilizados para atingir um determinado fim. Orientações ou diretrizes que regem a ação de uma pessoa ou entidade em um determinado assunto ou campo.

Relações de Produção: termo marxista que se refere às relações estabelecidas entre os homens no processo de produção e que, ao mesmo tempo, definem os modos de produção: escravo, feudal, capitalista, socialista, entre outros. Dentro delas estão as relações de propriedade, trabalho, dependência socioeconômica, etc., também a forma de distribuição da produção e da riqueza. Estão condicionados e intimamente relacionados com as forças produtivas.

Sociedade: É um grupo de seres que vivem de forma organizada. A palavra vem do latim "societas", que significa associação amigável com os outros. O conceito de sociedade pressupõe a coexistência e actividade conjunta do homem, conscientemente organizado ou ordenado, e implica um certo grau de comunicação e cooperação. É o objetivo geral do estudo das antigas ciências do Estado, hoje chamadas ciências sociais.

Valores: Em um sentido genérico, valores são as propriedades, qualidades ou características de uma ação, uma pessoa ou um objeto tipicamente considerado positivo, ou de grande importância. Valores que são influenciados ou determinados por uma determinada sociedade e cultura são frequentemente referidos como valores sociais e culturais. Aqueles que são considerados do ponto de vista da Ética e Moralidade são valores éticos e valores morais. Os valores éticos são diretrizes comportamentais que regulam o comportamento, têm caráter universal e são adquiridos durante o desenvolvimento individual de cada pessoa. Os valores morais são aqueles que são transmitidos pela sociedade, em alguns casos são determinados por uma doutrina religiosa e podem mudar com o tempo.

Essencialmente, os termos confucionistas são referidos no livro e nas próprias obras confucionistas:

Cavalheiros: Os homens formaram-se ética e socialmente, independentemente da sua origem social. Difere completamente do conceito de cavaleiro feudal, um título nobre obtido por herança.

O Caminho: Refere-se à justiça, à ação correta de um Estado.

O rito: É compreendido nas doutrinas de Confúcio como tradição, costumes éticos, moral.

FONTES LITERÁRIAS ANTIGAS

As doutrinas básicas de Confúcio consultadas para este estudo são coletadas em duas importantes fontes literárias publicadas centenas de anos após sua morte. Em essência os *"Quatro Livros Clássicos"* e as *"Analectas"*, onde é valorizado na forma de diálogos de perguntas e respostas, as intermináveis conversas e conversas que durante muitos anos sustentou com seus discípulos e que estes foram capazes de reunir, mesmo, é possível que se desenvolver, ou estender, e, claro, na forma escrita após a morte do sábio. Ao longo da exposição as frases ou máximas destas foram extraídas para simplificar e tornar mais acessível a compreensão da essência das mesmas no tempo presente.

OS QUATRO LIVROS CLÁSSICOS DE CONFÚCIO (KUNG-TSE)

-PRIMEIRO LIVRO (Ta-Hio ou Grande Ciência). É atribuído ao neto de Confúcio e é dedicado ao conhecimento relacionado à maturidade dos indivíduos.

-SEGUNDO LIVRO (Cheng-Yung ou Doutrina do Ambiente). Sobre as regras de comportamento ou de conduta humana, especialmente dos governos e da justiça.

-LIVRO TERCEIRO (Mon-Yu ou comentários filosóficos) também conhecido como os Analectos de Confúcio. Resume na forma de diálogos, perguntas e respostas a essência da doutrina confucionista.

-QUARTO LIVRO (Meng-Tse ou Livro de

Mencius). Escrito pelo seu seguidor, que viveu centenas de anos depois de Confúcio.

NOTA MARGINAL: Em 1994, o templo, residência e cemitério onde Confúcio descansa foi declarado Patrimônio da Humanidade.

OUTRAS OBRAS DOS AUTORES

El Código Ético y Moral de Confucio

Calixto López
Rosalía Rouco

EL CÓDIGO EDUCATIVO DE CONFUCIO

Calixto López
Rosalía Rouco

TCHUNG-YUNG

La Doctrina del Medio

Confucio

LA DOCTRINA MORAL DE CONFUCIO

CALIXTO LÓPEZ
ROSALÍA ROUCO

Clásicos Chinos

Analectas

James Legge

(Confucio)

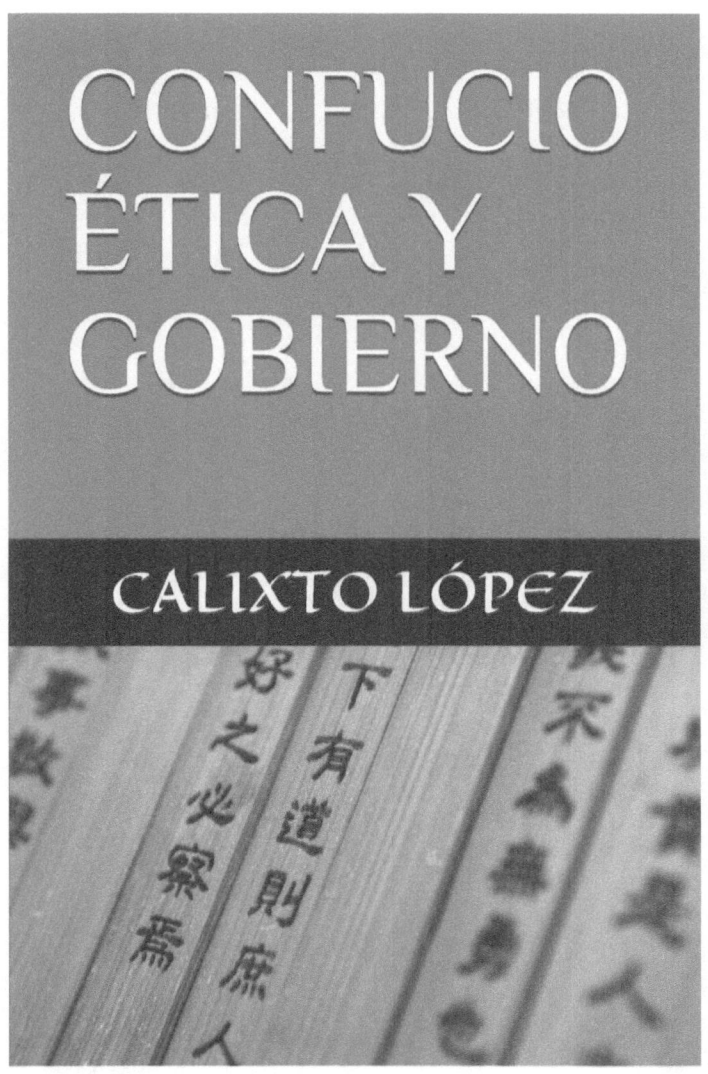

CONFUCIO
ÉTICA Y
GOBIERNO

CALIXTO LÓPEZ

EL TA
HIO O
GRAN
ESTUDIO

CONFUCIO

MENCIO

James Legge

BIBLIOGRAFIA

Aguilar, J. (2010*). Los cuatro libros clásicos del Confucianismo: una lectura económica.* Rev. Empresa y Humanismo Vol. XIII, 2/10, pp. 13-40.

Arnaiz, Ch. (2014). *Confucianismo, Budismo y la Conformación de valores en China.* Inst. Gino Germani. Nov. 2014.

Balazs, E. (1975). *La burocracia celeste; historia de la China imperial.* Barcelona, Seix Barral, 1975.

Bedi, S. (2009). *Rejecting Rights.* Cambridge University Press 2009.

Botton, F. (2000). *China: Su historia y cultura hasta 1800.* México, D.F. El Colegio de México.

Carrasco, M. (2011). *Confucio y la Educación.* CHIR N° 67, 01 de Octubre de, 2011.

Cham, S. (2004). *Liberalism, Democracy and Developmen.* Cambridge University Press.

Cheng, Chung-Ying. (2011). *New Confucianism as a Philosophy of Humanity and Governance.* Journal of Chinese Philosophy, No. 38, pp. 1 y 2.

Creel-Herrle. (1976), *El pensamiento chino desde Confucio hasta Mao Tze Tung.* Edit. Alianza, Madrid.1976.

Colegio de México. (2002). *La interpretación Ricciana del Confucianismo.* Estudios de Asia y África, Vol. XXVII, núm. 2, mayo-agosto, 2002, pp.

211-239. El Colegio de México, A.C.

Confucio. (1998). *Los cuatro libros de la sabiduría*, Edicomunicación S.A., España, 1998.

Confucio. (2014). *Los cuatro libros*. Traducción y notas. J. Arroyo. PAIDÓS, Barcelona (2014).

Confucio. (1997*). Analectas.* Traducción, edición y notas A. Suárez, Madrid: Kairós.

Confucio. *El TAO-HIO o Gran Estudio*. Texto de Confucio y Comentario de Thseng-Tseu.

Dawson, R. et al. (1967). *El legado de China*. Edit. Pegaso, Madrid, 1967.

De Bary, W. (1998). *Confucianism and Human Rights. Introduction* In De Bary William T., y Weiming, Tu (eds.), Nueva York: Columbia University Press, pp. 1-26.

De Prada, A. (2013). *Confucianismo y Democracia: Ciudadanos, príncipes, individuos*. Universidad Rey Juan Carlos. ISEGORÍA. Revista de Filosofía Moral y Política. N° 49, julio-diciembre, 2013, 615-627.

Doval, G. (2011): *Breve historia de la china milenaria*, Madrid, Nautilus.

Feldherr, A. and G. Hardy. (2011). *The Oxford history the historical Writing*. Vol 1. Beginnings to BC 600. Oxford University Press.

Ferrater, J. (1954). *Diccionario de Filosofía*. T I. 5ta. Edic, Editorial Sudaméricana.

Folch, D. (2001). La *construcción de China. El período formativo de la civilización china.* Península/Atalaya, Barcelona 2001.

Franke, H. y R. Trauzettel (1973). *El imperio chino.* Trad.: M. Moya. Siglo XXI, Madrid, 1973.

Fung, Y. (1997). *A short history of Chinese Philosophy.* Nueva York, Free Press.

García, I. (2017). *Confucio y el mundo que viene.* Documento Análisis, ieee.es 24/2017

Granet, M. (1959*). El pensamiento chino.* Trad. V. Clavel. Edit.UTEHA, Mexico 1959.

Grousset, R. (1958*). Historia de la China.* Edit. Caralt, Barcelona. 1958.

Guirao, P. (1927). *El evangelio de Confucio (Analectas de Confucio).* Barcelona, 1927.

Hang, L. (2011). *Traditional Confucianism and its Contemporary Relevance,* Asian Philosophy, 21(4), pp. 437-445.

Höffe, O. (2003) *Breve historia ilustrada de la filosofía.* Ediciones Península, Barcelona.

Hucker, Ch. (1975). *China's Imperial Past: An Introduction to Chinese History and Culture.* Stanford University Press, 1975.

John Parratt. Edit. (2004). *An Introduction to Third World Theologies.* Edit. Cambridge University Press

KAILAS (2014). *Analectas Confucio*. Kailas Edit. Junio 2014.

Kung, H. (1991). *Proyecto de una ética mundial*. Edit. Trotta, Madrid, 1991.

Kung-Kuan, J. (1965). *Confucio educador*. Diana, artes Gráficas, 1965.

Lau, D. (1979). *Lún Yu, Confucius, The Analects*. Penguin Books. 1979.

Lao Zi (1981). El libro del Tao, Alfaguara, Madrid.

Lemus, D. (2014), *Confucianismo como humanidad: Claves para complementar la modernidad*. México y la Cuenca del Pacífico. Sept.-Dic. (2014).

Leys, S. (1998). *Confucio: Analectas, versión y notas*. EDAF. Madrid.

Li-Jing. *Clásicos chinos Confucianos de la Antigüedad*. Tratado de los ritos. Vol I (libros 1-8).

Liqing, Q. and M. Shangchao. (2009). *A Study on Confucius' Views on Language Functions*. Polyglossia Vol. 16, February 2009.

López, C. and R. Rouco. (2016). *The Ethical and Moral Code of Confucius*. Amazons KDP Publishing. Dec. 2016. 978-1726796125

López, C. y R. Rouco. (2017). *El código educativo de Confucio*. Amazons KDP Publishing,. ISBN 978-1521018101.

López, C. (2018). *Confucio Vs. Maquiavelo*. Amazons KDP Publishing. Enero de 2018. ISBN 978-1976895937.

López, C. y R. Rouco (2018). O código ético e moral de Confucio. Amazons KDP Publishing. Febrero de 2019 Publishing. ISBN-13: 978-1797570259

McGraw Hill. (2001). Gran Diccionario Enciclopédico Ilustrado. Edit. McGraw Hill Interamericano.

McLeisk K. Edit. (1993). *Key Ideas in Human*. Thought Library of Congress Cataloging-in-Publication Data. New York. 1993.

Menander, Dawson Miles, (1915). *The Ethics of Confucius*. Whith A Foreword by Wu Ting Fang. G. P. Putnam's Sons. The knickerborker {press). New York and London (1915).

Peerenboom, R. (1998). *Confucian Harmony and Freedom of Thought*. In De Bary William T., y Weiming, Tu (eds.), Confucianism and Human Rights, Nueva York: Columbia University Press, pp. 234-260.

Perceval, J. y J. Fornieles. (2008). *Confucio contra Sócrates*. Análisis 36: 213-224

Pérez Arroyo. (2006). *Confucio*. Ediciones RBA, Barcelona. 2006

R.A.E. Diccionario de la Real Academia Española.

Robert Audi. Edit. (1999). *The Cambridge Dictionary of Philosophy*. Second Edition. Edit..Cambridge University Press. 1999.

Ronan C. (1978). *The Shorter Sciense and Civilisation in China* Vol 1. Cambridge University Press.

Schleichert, H. y H. Roetz. (2013). *Filosofía china clásica*. Traducción de A. Peñataro. Herder, Barcelona 2013.

Stratern, P. (2004). *Confucio en 90 minutos*. Casa del libro, España.

Ted Honderich. Edit. (2005). *The Oxford Companion of Philosophy*. Second Edition. Oxford University Press. 2005.

Tu, W. (1998). *Confucius and Confucianism*. In Slote, Walter H., and Devos, George A. (eds.), Confucianism and the Family, Nueva York: Suny Press, pp. 3-36.

Waley, A. (1938). *The Analects of Confucius*: George Allen & Unwin, Londres, 1938.

Wang Lei. (2007). *A study on Confucius' rectification of names*. Information of Culture and Education, 2: 92-93.

Watts, A. (1976). *El camino del Tao*. Kairos, Barcelona, 1976.

Wright, A. (ed.). (1960). *The Confucian Persuasion*. Stanford, Stanford University Press, 1960.

Wilhelm, R. *Confucio*. (1966). Trad.: A. García. Madrid, Madrid, 1966

Xinzhong Yao. (2000). *An Introduction to Confucianism*. Cambridge University Press. (2000).

Xinzhong Yao; (2001), *The Confucianism*. The Press Syndicate of the University of Cambridge, 2001.

Yang, B. *Lunyu Yizhu*. (1958). Pekín: Zhonghua Shuju 1958.

Zhang, T. and B.Schwartz. (1997). *Confucius and the Cultural Revolution: A Study in Collective Memory*, International Journal of Politics, Culture and Society, 11(2), pp. 189-211.

Zhao Z. (2014). *Confucio. Ética y Civilización*. Revista Co-herencia. V. 10 No. 20. Enero-junio 2014. Medellín, Colombia.

www.ingramcontent.com/pod-product-compliance
Lightning Source LLC
Chambersburg PA
CBHW020243290526
45784CB00003B/1084